Ça rime et ça swing
chez Claudine

Auteur:
Claudine Grenat, Gronau

Phographies:
Claudine Grenat, Gronau

Mise en page:
Franz Josef Terlinde, Gronau

Imprimerie:
Books on Demand GmbH, Norderstedt

Tous droits réservés:
Claudine Grenat, Gronau 2015

Ça rime et ça swing chez Claudine

Claudine Grenat

© 2015 - Claudine Grenat
Edition: BoD - Books on Demand
12/14 rond-point des Champs Elysées, 75008 Paris
Imprimé par Books on Demand GmbH, Norderstedt, Allemagne
ISBN : 9782322042029
Dépôt légal: octobre 2015

Poésies pour enfants

*Ces comptines et historiettes
mettent en scène
des petits riens de la vie ordinaire.
Elles sont destinées aux enfants et à ceux
qui n'ont pas quitté leur âme d'enfant.*

Comptines

L'heure

Driing !

Il est quelle heure ?
Il est sept heures

Sept heures et quart
Non j'en ai marre !

Sept heures et demie
Je reste au lit !

Huit heures moins l'quart
Je suis en r'tard !

Il est huit heures
Zut quel malheur !

Pourquoi ? Parce que !

Toujours c'est moi !
Pourquoi pas toi ?

Fais-ci fais-ça
Viens-ci viens-là

Parce que par-ci
Parce que par-là

J'en ai marre
de ce bazar

J'vais à la gare
Adieu j'me barre !

Le temps qu'il fait

1. Allô bonjour
On fait un tour ?

Oh zut il pleut
C'est malheureux

Y'a des nuages
Comme c'est dommage

Prends ton manteau
Il fait pas beau

Le ciel est gris
Je reste au lit

2. Il fait soleil
On se réveille

Le soleil brille
Debout les filles

Eh les garçons
Pas de leçons

Il fait si beau
Allons au zoo

Le ciel est bleu
On est heureux !

12 | 00

On est amis

Mon père n'est pas ma mère
Mon frère n'est pas ma soeur
Ma mère est infirmière
Mon père est conducteur
Et moi, ce n'est pas toi
Et toi, ce n'est pas moi
Et qui est Arthur ?
Mon copain, bien sûr !

Manon et Tarik

Manon n'est pas un garçon
ça non, ça non, ça non
Manon n'aime pas les leçons
ah non, ah non, ah non
Manon, elle aime les garçons
c'est bon, c'est bon, c'est bon
Son ami c'est Tarik
il est fantastique
il aime la musique
il aime la physique
mais surtout, surtout, surtout
il aime les bonbons
il aime le violon
il aime Manon

2003

Léon

Dis-moi ton nom
J'm'appelle Léon

Tu habites où ?
A Tombouctou

Tu as quel âge ?
Je n'ai pas d'âge

T'as une maman
Non plus main'tnant

Et ton papa ?
Il a l'sida

Tout seul tout nu
J'vis dans la rue

Là ce carton
C'est ma maison

J'ai faim c'matin
T'as pas du pain ?

Sois mon copain
Donne-moi la main

08 | 01 | 01

L'école

J'ai eu six ans
L'école m'attend

J'ai un cartable
très confortable

Y'a tout dedans
c'est excitant

Je vais apprendre
et tout comprendre

Papa Maman
je suis un grand !

07 | 10

Le collège

Onze ans maintenant
ado naissant

L'collège c'est bête
je m'y embête

Y'a dans mon sac
du bric à brac

des cartes à jouer
pour la récré

Vive les copains
Y'a qu'ça de bien !

07 | 10

La Rentrée

C'est la Rentrée
fini l'été
une folle année
va commencer

Vive les copains
tu viens demain
c't après-midi
j'suis déjà pris

Le prof d'anglais
Dieu qu'il est laid
L'prof de physique
il a des tics

Le prof de math
lui il est bath
même les plus fous
ils comprennent tout

En politique
c'est la panique
et les zéros
pleuvent en philo

Quant au français
là s'il vous plaît
faut tout apprendre
sans rien comprendre

L'vocabulaire
et la grammaire
le temps qu'il fait
et l'heure qu'il est

savoir compter
et conjuguer
mettre au passé
sans hésiter

Va au tableau
Ecris ce mot
Pourquoi cette peine
se dit Hélène

D'mander du pain
ça s'obtient bien
avec la main
sans examen !

08 | 03
PS : français langue étrangère

Lundi matin

Lundi matin
un jour de juin

Il fait si chaud
Il fait trop beau

Aucune envie
Où est mon lit ?

Une longue semaine
jusqu'au week-end

Tout l'monde est là ?
Tais-toi là-bas !

L'cours de français
est au complet

Un élève baille
Un autre braille

Qu'est-que j'ai dit
p'tit malapris ?

Répète le mot
Va au tableau

L'professeur tonne
la classe bourdonne

Une mouche arrive :
mon Dieu où suis-je ?

Une bande de fous
j'retourne au trou !

16 | 06 | 03

Blues de l'écolier

Ça n'va pas bien
envie de rien
J'aime pas l'école
ça me rend fol
J'veux pas apprendre
j'veux pas comprendre
J'veux m'amuser
toute la journée
lire des bédés
dans les vécés
aller au lit
en plein midi
chez des amis
jusqu'à minuit
c'est ça la vie
dont j'ai envie !

Il est sept heures
zut quel malheur
faut se lever
faut pas traîner
faut s'habiller
faut s'pomponner
pas l'temps d'manger
faut s'en aller
Papa maman
c'est pas l'moment
d'vous embrasser
je suis pressé(e)
L'école m'attend
c'est pas marrant
Le stress l'ennui
c'est pas une vie

J'veux pas m'lever
J'veux pas m'coucher
J'veux m'reposer
pas galérer
J'veux un portable
dans mon cartable
de l'ectasy
dans mon étui
Je veux fumer
à la récré
pouvoir flirter
dans l'escalier
J'veux rigoler
et pas pleurer
J'veux rouspéter
c'est mon métier !

Ça va très bien
besoin de rien
Je peux glander
toute la journée
C'est les vacances
je suis en transe
pas de boulot
pas d'interros
Je peux « chater »
toute la journée
téléviser
sans arrêter
mettre des CD
pour m'éclater
Je suis branché(e)
Ça c'est le pied !

02 | 01

C'est qui ?

Je suis une libellule
la reine des funambules
Les mots sont mon royaume
J'y puise là mes arômes

Sur les lignes d'un cahier
je joue à cloche-pied
sautille dans les rangées
des phrases alignées

Aidée dans ce labeur
par une armée d'consoeurs
j'ordonne et positionne
portionne et perfectionne

Je suis un p'tit bidule
de taille ridicule
une patte de mouche qui louche
qui fuit dès qu'on la touche

En bio math et physique
mon rôle est mirifique
Quand j'entre dans la danse
les chiffres entrent tous en transe

La p'tite chose minuscule
c'est moi la p'tite virgule
Le point est mon voisin
il a le mot d'la fin

09 | 09

Illustration de Laureline

J'aime l'automne

J'aime l'automne
quand le jour sort de la nuit
J'aime les rues ensommeillées
les traces de la vie sur les pavés
qui brillent sous la pluie
J'aime les devantures assoupies
qui resplendissent à l'envie
J'aime les feuilles éparpillées
les rouges les jaunes les mordorées
qui loin d'être mortes
courent toutes essoufflées
se réfugier sous les portes
J'aime les murs délabrés
parés de lierre entrelacé
les oiseaux malicieux
qui se disputent sous mes yeux
J'aime le vent qui me gifle au passage
la pluie qui sillonne mon visage
les nuages aux joues gonflées
que chassent les alizés
J'aime surtout une fois rentrée
après une bonne tasse de thé
me réfugier sous la couette
dans ma maison douillette

11 | 07

Petite feuille, où vas-tu ?

Petite feuille, où vas-tu ?
Pourquoi descends-tu ?
Tu n'te plais plus là-haut ?
Y fait-il trop chaud ?

La petite feuille curieuse
est bien aventureuse
Un coup de vent
la pousse en avant

Quel beau tapis se dit-elle
s'élance en carrousel
et atterrit en douceur
au milieu de ses sœurs

La voilà mal tombée
au milieu de l'allée
plaquée au sol
au bord d'une rigole

Rieuse elle reprend son élan
manque tomber dedans
Ouf, j'ai échappé à la tornade
maintenant pas de noyade

Un souffle puissant
la propulse en avant
jusqu'à un monticule
où elle joue les funambules

Un savant rétablissement
et elle accroche dans le vent
une joyeuse farandole
de compagnes frivoles

Elle s'amuse elle batifole
telle un papillon elle vole
Elle oublie le temps
ivre du moment

Voulant se reposer
elle faillit être arrosée
sous la patte levée
d'un chien mal intentionné

Un aspirateur géant
l'envoie dans le néant
Des pieds malfaisants
la foulent brutalement

Elle courbe l'échine
ses forces déclinent
clopin clopant
elle se traîne sous un auvent

La robe fripée le teint jauni
elle n'a plus goût à la vie
La coquette désespérée
est prête à pleurer

Une petite fille l'a ramassée
elle l'a mise dans son cahier
à l'abri de tous les dangers
Adieu la liberté !

11 | 06

Le p'tit parapluie

J'suis un p'tit parapluie
de service jour et nuit
et là où je m'ennuie
ce sont les jours sans pluie
Le moindre p'tit rayon
et je perds la raison
Accroché à l'entrée
j'attends la grosse nuée
Une main me saisit
m'entraîne vers la sortie
je renais à la vie
je m'étire je grandis
Mes baleines se déploient
je me sens comme un Roi
Je ruisselle de bonheur
quand le ciel est en pleurs
Mon ennemi c'est le vent
je résiste vaillamment
je me plie je supplie
je hoquète de dépit
Les baleines hérissées
la robe déchiquetée
je joue les filles de l'air
je pars en un éclair
Ce rouge dans le fossé
c'est moi le trépassé

03 | 09

Blanche neige

Une symphonie débridée
s'abat sur les pavés
une partition sans clé
que le ciel a composée

Plaisir du blanc immaculé
sur la ville ensoleillée
qui recouvre avec légèreté
tout signe d'impureté

Linceul sans beauté
d'une grise matinée
quand le ciel est engrossé
de lourds nuages serrés

Des enfants emmitouflés
se poursuivent dans les allées
Des sans-logis frigorifiés
cherchent un coin pour se chauffer

Crissements de souliers
dans l'atmosphère ouatée
Des gros flocons légers
qui tombent en giboulées

Une petite vieille courbée
d'un pas peu assuré
trottine sur la chaussée
elle tient son sac serré

Un jeune chien enjoué
chasse les cristaux ailés
renifle la neige souillée
s'éloigne la truffe gelée

La bourrasque est passée
La nature est blessée
les arbres décimés
les oiseaux envolés

Blanche neige s'est éloignée
le redoux l'a chassée
ne reste dans la cité
que les traces du passé

19 | 02 | 10

Huit heures du matin dans mon jardin

*La nature se réveille
on entend les tourterelles
Maître Corbeau du haut des cîmes
dirige cet orchestre sublime
de musiciens ailés
au plumage coloré
La partition est complexe
les musiciens sont perplexes
Coa coa faites attention
coa coa aux altérations
Cuicui rourou tireli
les airs modulent à l'envie
Et voilà le vent qui s'en mêle
Les notes arrivent pêle-mêle
Les branches s'agitent en cadence
Les feuilles entrent dans la danse
Coa coa pas tous à la fois
Qui a la plus belle voix ?
Les oiseaux s'égosillent fortissimo
Une mésange chante en solo
Le soleil s'émerveille
il inonde la treille
Une douce chaleur
envahit mon cœur*

26 | 05 | 10

Les plaintes d'une petite serpillère

J'suis une petite serpillère
oh mon père
oh ma mère
vouée une vie entière
aux tâches ménagères

Au supermarché
bien empaquetée
j'étais une beauté

Pour quelques méchants deniers
oh mon père
oh ma mère
j'ai été achetée
jetée dans un panier

Etalée devant l'entrée
des pieds grossiers
m'ont écrasée

puis jetée sans pitié
oh mon père
oh ma mère
à moitié noyée
dans un vieux seau troué

lavée essorée rincée
sur une corde j'ai séché
vulgairement accrochée

Atteinte dans ma dignité
affreusement humiliée
j'me suis recroquevillée

J'ai vraiment trop souffert
oh mon père
oh ma mère
dans cette galère
Quelle misère

De retour à l'entrée
le reste m'a donné
le chien d'la maisonnée

Dans sa gueule m'a secouée
oh mon père
oh ma mère
m'a déchiquetée
m'a traînée jusqu'au palier

Un perfide coup de pied
m'a envoyée sous l'escalier
cruellement blessée

Ci-gît la petite serpillère
elle qui était si fière
au royaume de la poussière

15 | 02 | 09

illustration de Masha

La souris clic-clac

J'suis une petite souris
au pouvoir maléfique
et si je suis en vie
c'est grâce à la technique

J'suis facile d'entretien
et je n'mange presque rien
il suffit d'me brancher
et j'me mets à marcher

et clic par-ci
et clac par-là
je cours ici
me v'là là-bas

Je n'suis pas toujours sage
ma maîtresse est en rage
Elle me glisse sur la table
j'me démène comme un diable

C'est moi qui mène la danse
j'aime trop l'indépendance
Sur la piste virtuelle
j'me la nargue cruelle

Ma maîtresse dépitée
au panier m'a rangée
Elle se débrouille sans moi
elle clique avec les doigts

Alors dans mon trou noir
je flippe de désespoir
j'attends que son fiston
me sorte de ma prison

Je frissonne de plaisir
Je suis prête à courir
Il me branche à la vie
Je clique avec furie

15 | 05 | 10

Bertha

Ma maîtresse s'est levée
elle a bu son café
elle a mis ses baskets
et enfilé sa veste
peigné, brossée, harnachée
je l'attends dans l'entrée
J'aime beaucoup ma maîtresse
mais souvent elle me stresse
pas le temps de flâner
faut qu'elle aille travailler
Tout le long du chemin
l'air vibre des parfums
de tous les copains
du chien des voisins
Je renifle au passage
les odorants messages

Mon ami c'est Félix,
il a les pattes en x
Il est plus grand que moi
il me met en émoi
Je bloque elle tire je trotte
je lâche frustrée une crotte
Maîtresse est embêtée
ça lui fera les pieds
Plus loin dans le ruisseau
je pisse quelques textos
Bertha est passée par là
et patati et patata
Bonne journée les copains
rendez-vous d'main matin

07 | 10

Drame dans la cuisine

Il s'appelait Igor
Il était grand et fort
Sa maîtresse était âgée
elle avait du poil au nez
C'était un beau chat noir
aux belles couleurs du soir
avec un poil soyeux
et une superbe queue
En quête d'aventure
il aimait la nature
apportait des cadeaux
des p'tits des gros des beaux
La fille de sa maîtresse
a un chien la traîtresse
Il dort dans la cuisine
il fut témoin du crime
Un matin Maître Igor
arriva aux aurores
serrant dans ses babines
le fruit de ses rapines
un tas de plumes hirsutes
criard comme une flûte
Surpris par le canin
il lâcha son larcin
qui de suite s'envola
aux rideaux s'accrocha
Le chien nommé Bertha
au drame se mêla
Il poursuivit le chat
qui fit des entrechats
direction les rideaux
où se tenait l'oiseau
Et ce qui s'ensuivit
un beau charivari
une gamelle renversée
des rideaux dépecés

Le chien gronda
le chat miaula
l'oiseau chia

Le chat sauta
le chien jappa
l'oiseau couina

La porte s'ouvrit
l'oiseau sortit
le chat aussi
le chien suivit

Le chat courut frustré
après son déjeuner
On ne vit plus l'oiseau
lesté de son plumeau

PS Le bel Igor n'est plus
En traversant la rue
il s'est fait écrasé
Sa maîtresse a pleuré

03 | 08 | 10

Les lunettes volantes

*Oyez bonnes gens
et les petits enfants
ceci est une histoire vraie
et prise sur le fait
Voilà les trois acteurs
présentés par l'auteur
Un petit garçon
qui aimait les avions
Une paire de lunettes
qui se rêvaient comète
et une mère-grand
qui les chaussait souvent
Oubliées sur le lit d'camp
elles attendaient le moment
où à cheval sur son nez
elles allaient s'envoler
et connaître la suite
à la page dix-huit
des aventures corsées
d'un groupe de fêlés
C'est alors que l'bambin
s'approcha mine de rien
profitant d'l'abandon
il en fit un avion
Les branches déglinguées
il les fit s'envoler
vers des cieux plus allants
que ceux du roman*

*De mémoire de lunettes
jamais vue n'fut plus nette
Ce moment d'liberté
fut de courte durée
Grand-maman arriva
limitant les dégâts
Elles reprirent du service
après un bon tour de vis*

24 | 09 | 10

Liam (3 ans)

Le moustique kamikaze

*Je suis un p'tit moustique
mon dard est maléfique
Je suis l'super champion
d'la mondialisation*

*Je pique à droite
Je pique à gauche
Je suce le sang
J'agace les gens*

*Je fais fi des frontières
et des bonnes manières
Egalité fraternité
du p'tit bébé au vieux pépé
catho ou protestant
bouddhiste ou musulman
la couleur m'indiffère
il me faut de la chair*

Je pique à droite ...

*Mon destin est scellé
je suis un rien fêlé
je vis tout en piquant
je me nourris de sang
Sur le coup de minuit
je m'insinue sans bruit
c'que j'préfère c'est le gras
j'me faufile dans les draps*

Je pique à droite ...

*Ma victime se réveille
elle se gratte les orteils
La lumière a jailli
elle est tout éblouie
Mon moteur m'a trahi
son oreille l'a saisi
L'œil aux aguets
elle fait le guet
Je sonne la retraite
elle me traîte de sale bête
Avec un air sadique
elle prépare sa réplique*

*Sur le mur j'me tapis
une sale main m'aplatit
Fière de sa manœuvre
elle contemple son œuvre
Je baigne dans son sang
mon souvenir est cuisant
Elle retourne dans son lit
mais sa nuit est finie !*

27 | 09 | 10

Jeux de mots pervers :
ver, verre, vert, vair ou vers ?

Je fais des vers à l'envers dans mon Pré vert !

Annie se sert un verre
Pour son anniversaire
elle a mis ses pantoufles de vair
Vient à passer un pic-vert
Il laisse tomber un ver
... dans son verre !

Un ver de terre
tombe dans un verre d'eau
Il en devient tout vert
c'était une menthe à l'eau !

Le ver de la pomme, le vert de la pomme ou le verre de la bonne ???

Le ver à soie ou le verre à soi ?

Le ver tue ou la vertu ?

Ecrire envers et contre tous ou en vers et contre tous ?

Le ver mi sel mi poivre

Le ver lent ou l'envers ?

C'est vert ou sévère ?

Le ver G

Le ver solidaire est celui qui prolifère dans les ONG !

Où sont les ... ?

Il fait gris
Où sont les souris ?
Elles sont parties
jusqu'à mercredi !

Il fait noir
Où sont les gros loirs ?
Ils font la foire
au bord de la Loire !

Il fait jour
Où sont les vautours ?
Ils font des tours
en haut de la tour !

Il fait nuit
Où sont les cuicuis ?
Ils dorment dans les buis
Ne faites pas de bruit !

10 | 10

Pique-nique des oiseaux

Sur le coup de midi
souffle un vent de folie
C'est l'heure du déjeuner
Qui les y a conviés?

Des petites boules volantes
aux couleurs chatoyantes
s'agitent dans la haie
un incessant ballet

L'objet de leur désir
la source de ce délire
un filet plein de graines
accroché à une chaîne

Entourés de silence
ils entrent dans la danse
se croisent et s'entrecroisent
se chassent et se pourchassent

Accroché au filet
un couple se repaît
tête en haut tête en bas
pique par-ci pique par-là

Arrive un autr'compère
la fête est éphémère
Maintenant à lui la place
il chasse les deux comparses

Quelques graines se libèrent
par terre quelle affaire
pour les petits malins
à l'affût d'un festin

Soudain tout est fini
les voilà repartis
en direction d'la haie
où ils retrouvent la paix

10 | 01

Aspi le Rateur

Je suis une grosse bête
avec une petite tête
emmanchée d'un long cou
avec un ventre au bout

Je vis dans une armoire
enfermé dans le noir
et j'ai des coups d'cafard
tout seul dans mon placard

Mais une fois par semaine
arrive le jour que j'aime
Une p'tite main me saisit
et me branche à la vie

Je gonfle mon moteur
Je suis de bonne humeur
Je vibre de bonheur
Je glisse à toute vapeur

Mon cou se tortille d'aise
Je suis un gros balèze
Je roule sur le tapis
J'me faufile sous les lits

Je suis Aspi-trouve-tout
Je fouine dans tous les trous
la gueule ouverte
en quête de découvertes

De caractère glouton
j'avale tous les moutons
les vieilles toiles d'araignées
les miettes du déjeuner

Une fois c'n'est pas une blague
j'ai aspiré une bague
Pas l'temps de prévenir
j'ai dû la déglutir

Ce fut l'opération
une dure intervention
sur table à sac ouvert
dans une nuée de poussière

Mon travail terminé
fini pour la journée
je retrouve mon placard
seul avec mon cafard

16 | 02 | 11

Aurélie

Bertha a une copine
elle s'appelle Aurélie
C'était une orpheline
qui vivait de rapines

Elle a de grandes oreilles
qui lui vont à merveille
des beaux yeux mordorés
un port de tête altier

C'est une belle chienne de race
destinée à la chasse
sur l'Ile de Beauté
la chasse aux sangliers

Pour une raison obscure
perdue dans la nature
elle errait dans l'maquis
en plein après-midi

Le poil terne les yeux vitreux
la tête le ventre creux
elle fouillait les ordures
en quête de nourriture

Au détour d'un chemin
tiraillée par la faim
voilà qu'une bonne odeur
la chatouilla pour l'heur'

Au beau milieu d'un champ
y'avait un campement
et oh divine surprise
elle trouva table mise

La belle se faufila
se jeta sur les plats
D'abord on la chassa
puis on la toléra

La belle abandonnée
suscita la pitié
un cœur elle conquit
perdue dans le maquis

troqua sa liberté
contre un gîte assuré
pitance deux fois par jour
et une bonne dose d'amour

Pour Alexandra, lors d'un séjour en Corse
07 | 11

Bertha raconte sa mésaventure

Nous voilà en été
et comme les autres années
Maîtresse part en vacances
dans son pays de France

La voiture nous attend
avec son chargement
Elle ferme la maison
fait son tour d'horizon

Je tremble d'énervement
elle va me mettre dedans
Ça y est on est parties
j'ai envie d'faire pipi

Le soir à Orléans
toute frippée je descends
On est chez grand-maman
elle dit : ça fait longtemps

Le lendemain matin
direction le jardin
à la poursuite du chat
qui m'injure de crachats

Le nez au ras du sol
je hume les herbes folles
Y'en a des rigolotes
qui me chatouillent la glotte

J'en croque une coquine
elle glisse elle se débine
se fiche dans mon gosier
Je n'peux plus avaler

J'essaie de déglutir
ça va de pire en pire
Ma maîtresse affolée
chez l'véto m'a menée

La suite de cette histoire
pour moi un grand trou noir
Il m'a fait une piqûre
qui m'a shootée dans l'mur

De ma gueule grande ouverte
avec une fine pincette
il en a extirpé
d'quoi faire un bel herbier

J'aurais pu trépasser
j'ose même pas y penser
Maîtresse est soulagée
ainsi que son chéquier

08 | 11

Balle ! balle !

J'adore tout ce qui bouge
c'qui court au ras du sol
Je fais une vraie fixette
il faut qu'on me la jette

C'est rond c'est beau
J'ai une balle dans l'cerveau

Quand on va à la plage
et que je n'suis pas sage
ELLE dit le mot magique
y'a pas besoin de trique

C'est rond c'est beau
Je reviens au galop

Un jour la mer traîtresse
provoqua ma détresse
En un revers de main
ELLE l'envoya trop loin

C'est rond c'est beau
C'est parti dans les flots

Une balle traîne sur la table
Mais comment faire que diable ?
Ça travaille dans ma tête
je vais lui faire sa fête

C'est rond c'est beau
J'ai cett' balle dans la peau

Je veux y parvenir
ELLE me voit réfléchir
Je saute sur les genoux
du plus proche d'entre nous

C'est rond c'est beau
Et pis c'est rigolo

Maîtresse a un copain
ils sont dans le jardin
J'attends qu'on me la lance
je suis déjà en transe

C'est rond c'est beau
Ça m'titille le museau

ELLE lance je cherche j'apporte
ELLE lance je cours j'suis morte
J'en ai marre je la garde
ELLE m'appelle je la r'garde

C'est rond c'est beau
Je lui en fais cadeau

La b – a – deux l – e
ils se l'épellent entre eux
Je n'suis pas si benêt
j'ai appris l'alphabet

C'est rond c'est beau
Ça n'finit pas en O !

Bertha

30 | 08 | 11

» Opéra bouche «

J'm'appelle Anticarie
On m'trouve en pharmacie
ou au supermarché
accrochée bien rangée
Frotti frotta
Un coup par-ci
Un coup par-là
Je fouine un peu partout
Je fouine dans tous les trous

J'ai un super métier
J'suis agent d'propreté
J'ai un tas d'consœurs
On travaille avec cœur
Frotti frotta
Un coup par-ci
Un coup par-là
On visite toutes les bouches
Y'en a parfois des louches

Je suis svelte ou ventrue
à poil souple fin ou dru
Je masse les gencives
polis les incisives
Frotti frotta
Un coup par-ci
Un coup par-là
Je brosse avec vigueur
Je brosse avec rigueur

J'me nourris d'dentfrice
c'est bon c'est frais c'est lisse
Y'en a d'toutes les saveurs
pour chasser les odeurs
Frotti frotta
Un coup par-ci
Un coup par-là
Je surfe entre les dents
Je mousse à tous moment

Les risques du métier
l'état du râtelier
Un jour j'ai dérapé
une dent a explosé
Frotti frotta
Un coup par-ci
Un coup par-là
J'y vais plus doucement
C'est c'lui de Grand-maman

J'aime les bouches des enfants
il y fait bon dedans
Je suis une sensuelle
ça sent la bonne haleine
Frotti frotta
Un coup par-ci
Un coup par-là
J'adore quand il me tient
J'adore sa petite main

*J'ai longtemps travaillé
mes poils sont écrasés
Je suis à la retraite
mais ce n'est pas ma fête*
Frotti frotta
Un coup par-ci
Un coup par-là
*Je frotte le lavabo
J'décrotte les godillots*

*Ô rage ô désespoir
je suis dans un trou noir
jetée dans une poubelle
avec de la vaisselle*
Frotti frotta
Un coup par-ci
Un coup par-là
*Je glisse coup après coup
Je glisse au fond du trou*

05 | 09 | 11

Une fugue tragique

J'suis bleue et en plastique
lisse légère et pratique
un rien sophistiquée
avec des chiffres dorés

On m'glisse dans une fente
je surfe je suis contente
J'ai une p'tite puce magique
qui fait valser le fric

Quand viennent les vacances
sur les belles routes de France
j'fais partie du voyage
j'connais tous les péages

Je suis Reine de la Tune
j'peux décrocher la lune
mais seule dans mon étui
mon Dieu que je m'ennuie

Un jour j'ai décidé
de prendre ma liberté
J'ai glissé d'mon abri
et je me suis enfuie

Au fond du sac à main
j'ai trouvé un chemin
qui m'a conduite tout droit
dans un étrange endroit

Ça sentait l'chocolat
j'ai entendu » hola «
Jugez de ma stupeur
j'étais en Equateur !

Pendant que j'explorais
ma proprio flippait
Quelqu'un pourrait en manque
piller son compte en banque

Un coup d'fil fatidique
via les Amériques
je fus « dépucelée »
aussitôt remplacée

Elle me croyait perdue
à jamais disparue
quand un jour par hasard
elle ouvrit le placard

Un léger craquement
Un cri d'étonnement
De la lumière jaillit
J'en fus toute éblouie

J'suis bleue et en plastique
mais sans ma puce magique
j'ai fini dans un seau
coupée en quat' morceaux

PS : Il s'agit d'une carte visa
retrouvée glissée
dans une tablette de chocolat

08 | 09 | 11

Bertha et la musique

Do ré mi fa sol la si do
gratte-moi la puce que j'ai dans l'dos

Maîtresse fait d'la musique
C'est chouette c'est fantastique
Je me gratte en cadence
La puce entre dans la danse

Do ré **mi**   mi fa **sol**   fa mi **ré**   mi ré **do**

J'aime bien les ritournelles   La musique s'est calmée
qu'elle joue au violoncelle   je suis moins agitée
ça m'chatouille les oreilles   La puce traumatisée
La puce béate sommeille   a lâché son dîner

Mais j'préfère le piano   De doubles-croches en croches
c'est bien plus rigolo   le morceau s'effiloche
parc'que là ça carbure   Un dernier trémolo
J'me trémousse en mesure   c'est l'royaume du dodo

Do si la sol fa mi ré do
elle pourra pas monter plus haut   14 | 10 | 11

L'boogy est endiablé
la puce a dérapé
Je n'arrête pas d'bouger
elle peut pas s'agripper

Ça swingue c'est d'la folie
j'suis prise de frénésie
Elle monte et redescend
je suis un tobogan

La fiancée du vent

Je m'appelle Éole
Bien ancrée dans le sol
dans un champ d'tournesol
je tourne comm'une folle

Petite fiancée du vent
je l'attends ardemment
Dans mes grands bras aimants
il hurle passionnément

Quand son souffle me caresse
mon cœur fond de tendresse
J'en suis toute chavirée
je me mets à vibrer

Je suis mince élancée
mais je n'saurais plier
Dotée d'une forte tête
je résiste aux tempêtes

De son souffle puissant
je produis du courant
et stocke dans mes entrailles
le produit d'mon travail

Quand il manque d'ardeur
je suis prise de torpeur
L'œil tourné vers le ciel
je me chauffe au soleil

Mon amant inconstant
je l'attends en rêvant
qu'il me prenne par surprise
en me faisant la bise

Quand son souffle m'effleure
je tressaille de bonheur
J'me remets à tourner
comme pour l'éternité

02 | 11 | 11

Lily la limace

Je m'appelle Lily
Je suis une limace
une petite bête rougeasse
à l'appétit vorace
un ventre-pied qui colle
à l'allure lente et molle

Je suis nue comme un ver
sensible aux courants d'air
J'adore les lieux humides
les poubelles putrides
Je vis de détritus
de feuilles de laitues

J'ai entrepris hier
un voyage du tonnerre
J'ai rampé à l'assaut
d'un énorme tonneau
J'y ai mis la journée
mais j'y suis arrivée

Après cette ascension
grande fut ma déception
Un couvercle hors mesure
en bouchait l'ouverture
Epuisée affamée
j'étais désespérée

On m'dit un peu bêtasse
mais je suis une pugnace
J'ai trouvé une sortie
je me suis aplatie
et me suis faufilée
fissa de l'autre côté

Pas eu le temps d'faire ouf
J'suis tombée dans un gouffre
Toutes mes cornes rentrées
sans heurts j'ai déboulé
comme une lettre à la poste
le nez dans le compost

J'ai été accueillie
par toute une compagnie
Un festin m'attendait
c'est sûr je le sentais
Je tremblais de désir
Je moussais de plaisir

Alors la tonne s'ouvrit
et j'entendis un cri
Puis en un temps record
j'fus propulsée dehors
L'paradis des limaces
est hélas bien fugace !

30 | 11 | 11

La petite note

Elle trotte elle trotte
la petite note
Elle était là au réveil
elle me tient en éveil
Elle insiste Je résiste
Je me love dans ma couette
elle est si douillette

Je n'veux pas me lever
je suis envoûtée
Elle trotte elle trotte
la petite note
Elle était là au réveil
Elle me charme les oreilles
Elle est si légère
Elle flotte dans les airs

Je n'ai aucune envie
de quitter mon lit
J'ignore l'appel amène
de la petite sirène
Elle trotte elle trotte
la petite note
Elle était là au réveil
me susurrait des merveilles

J'me blottis dans mon rêve
suis l'oiseau qui m'enlève
Je traverse les murs
me fonds dans la nature
A travers les persiennes
des rayons me parviennent
Elle trotte elle trotte
la petite note

Elle était là au réveil
Elle danse avec le soleil
Il est vénu la chercher
Il est temps de m'lever
Elle se trotte elle se trotte
la petite note
Le jour est revenu
La petite note s'est tue

02 | 12

Bertha en difficulté

I

Une année a passé
C'est à nouveau l'été
Branle-bas de combat
Maîtresse part pour Monta
On y va tous les ans
retrouver l'Océan
Le matin au lever
pas d'petit-déjeuner
Ça m'tourn'boule le « stomac »
Bonjour les dégats !
Le voyage est une torture
je n'aime pas la voiture
Mais arrivée sur place
vite je refais surface
J'prospecte les environs
Mon Dieu que d'impressions
La truffe au ras du sol
j'renifle toutes les rigoles
Oh les bonnes odeurs
Je pisse de bonheur
Une goutte par ci
Une goute par là
Je réactive mes sites
J'annonce ma visite

II

C'est tous les jours pareils
Qu'il pleuve ou qu'il vente
Maîtresse prend son vélo
on va au bord de l'eau
J'batifolle sur la plage
parmi les coquillages
Je cours après la mousse
que les alizées poussent
et quand il fait trop chaud
je bois une gorgée d'eau
J'ai un jeu préféré
la pierre à déterrer
Le museau à même le sol
je creuse comme une folle
Elle s'enfonce
J'me défonse
Les babines pleines de sable
j'me démène comme un diable
Maîtresse n'aime pas ce jeu
qu'elle sait trop dangereux
Eau + sable + liant
ça fait un bon ciment
J'ai failli en crever
j'avais le c.. bouché
Heureusement ma Maîtresse
reconnut ma détresse
De l'huile un coton-tige
me tira du litige
Si parfois elle me stresse
j'aime beaucoup ma Maîtresse

09 | 12

Belle est la neige

Créatrice de beau
avec son blanc manteau
elle recouvre les allées
enjolive les pavés
donne fière allure
à la moindre stucture
Un ciel chargé de gris
a pendant la nuit
en légers tourbillons
lâché des flocons
Un doux bruit feutré
m'en a alerté
Les arbres sont parés
de petites boules ouatées
Sur le sol immaculé
les pas d'un chat sont figés
La neige est une jolie fée
dont il faut se méfier
Elle réchauffe les coeurs
mais donne froid aux pieds

01 | 13

Mon chat

Coucou le revoilà
C'est mon chat
De loin en loin
il visite mon jardin
Il aime les caresses
s'ouvre aux tendresses
Epris de liberté
il est de toute beauté
Il mène sa vie
vadrouille à l'envie
Il est très secret
Parfois il disparaît
J'attends son retour
des jours et des jours
J'aime sa douceur
Il m'apporte du bonheur

04 | 02 | 13

Blues d'une machine à laver

I

Robuste économique
au top de la technique
je suis la coqueluche
de Madame Truquemuche
et selon ses humeurs
je tourne avec ardeur
En pleine force de l'âge
j'suis la Reine du lavage
J'aime les lessives douces
celles avec de la mousse
au parfum naturel
de printemps éternel
J'adore le beau linge fin
mis tout frais le matin
les sous-tifs à dentelles
des gentes demoiselles
Mais c'que j'aime avant tout
c'est laver des doudous
des vêtements de bébés
aux odeurs de tétées
Je les brasse les embrasse
les renifle dans la nasse

II

Ça fait déjà longtemps
Je n'tourne plus comme avant
J'suis usée fatiguée
d'avoir trop travaillé
Y'en a marre de laver
sans un jour de congé
les chaussettes de Monsieur
ces tue-mouches à cent lieues
les culottes de Grand-mère
celles qui datent d'avant-guerre
les joggings délavés
les tee-shirts déchirés
Les enfants ont grandi
ça n'sent plus le candi
Mon tambour tourne en transe
De Saint Guy j'ai la danse
J'avale les chaussettes
Je déchire les serviettes
Je perds tout mon aplomb
Je fais sauter les plombs
N'étant plus bonne à rien
remplacée haut-la-main
c'est à la déchetterie
que j'ai fini ma vie

26 | 02 | 13

Air du Sud

Monsieur Cigalou
est un peu fou
La moindre chaleur
le met en humeur
Il crisse et crisse
comme un jocrisse
agite ses timbales
pour draguer Dam' Cigale

Du matin au soir
jusque tard dans le noir
avec ses congénères
il orchestre dans les airs
un concert du tonnerre
un raffut d'décibels
pour charmer ces d'moiselles

Il y en a des kyrielles
qui agitent leurs ailes
à quatre temps
à contre-temps
sous sa baguette magique
de jeune chef dynamique
telles des auto-cuiseurs
marchant à toute vapeur

Le prom'neur solitaire
sous les pins centenaires
cherche en vain dans les airs
les acteurs du concert
écoute émerveillé
les bruissements ailés
dont seule la fraîcheur
peut stopper les ardeurs

08 | 13

Bertha en voyage

Après un hiver froid
je suis tout en émoi
Maîtresse part en vacances
dans le sud de la France

La maison est rangée
Les valises sont bouclées
Elle a la veille au soir
tout mis dans le couloir

Toute cette agitation
Toutes ces préparations
A chaque fois c'est pareil
je flippe dès le réveil

Ça y est tout est chargé
Un dernier tour de clé
Je dois monter à bord
je tremble de tout mon corps

Je freine des quatre fers
La voiture c'est l'enfer
A peine dans mon panier
j'commence à saliver

Heureusement ma maîtresse
elle n'aime pas trop le stress
Elle roule prudemment
Elle s'arrête très souvent

Pendant qu'elle casse la croûte
sur une aire d'autoroute
Je piste les messages
des copains de passage

Pas besoin de dico
pour capter les textos
Au royaume des toutous
on se comprend partout

Maîtresse est fatiguée
il est temps d'arriver
Moi j'rêve d'un bon dîner
après cette folle journée

On passe par Orléans
Là habite Grand-maman
avec sa chatte Mimitte
qui prend toujours la fuite

jusqu'au fond du jardin
où je l'attends en vain
Je n'comprends pas pourquoi
elle a si peur de moi

Nous y voilà enfin
A demain les copains
On va se reposer
avant de continuer

09 | 13

Bertha en vacances

Après une nuit terrible
peuplée de rêves horribles
nous voilà reparties
on roule vers le Midi
Maîtresse va voir sa sœur
Le voyage dure des heures
Couchée sur le plancher
j'ai hâte d'être arrivée
Ça monte et ça descend
je meurs à chaque tournant
j'ai envie d'dégueuler
je n'arrête pas d'baver
Mais au bout du calvaire
que du plaisir dans l'air
Retrouver mes copains
Chahuter dans l'jardin
Flirter avec Snoopy
Jouer avec Sweety

On dort dans le chenil
en face de la piscine
Quand sonne le rappel
on partage les gamelles
Sur pattes tôt le matin
on est des boute-en-train
Au moindre coup d'sonnette
tous trois donnons l'alerte
Not' bande de joyeux drilles
file fissa vers la grille
On nous lance une balle
c'est le trio infernal
On court on couine on jappe
le plus rapide l'attrape
Des fois elle tombe à l'eau
on trouve ça rigolo
J'ai bien failli m'noyer
en allant la chercher
Maîtresse m'a repêchée
Un sac de poils trempés

Finies les aventures
je suis dans la voiture
A jeun dès le matin
au revoir les copains
Sous un soleil radieux
c'est le temps des adieux

09 | 13

Une tartine au Paradis

Je suis une p'tite tartine
croustillante fraîche et fine
Sur la table dans un panier
prête à être dégustée
j'observe l'assemblée
j'attends d'être mangée
Dans quelle bouche vais-je finir
J'aimerais pouvoir choisir
Je n'aime pas le salé
Je préfère le sucré
Qu'on me morde à pleines dents
comme le font les enfants
pas meurtrie mâchonnée
dans une bouche édentée
Je rêve d'une haleine fraîche
d'une bouche qui sent la pêche
Dans celle de grand-maman
y a un cim'tière de dents

La chance me sourit
Une p'tite main me saisit
m'barbouille de Nutella
en veux-tu en voilà
Alors j'sais où je vais
je vais au Paradis

10 | 13

La pluie

*Tombe la pluie
synonyme d'ennui
Dehors tout est gris
c'est l'heure du repli
Seul le parapluie
aujourd'hui
se réjouit
Il est de sortie
Le chat Mistigris
dort à l'abri
Le chien n'a plus envie
de faire pipi
Je retourne au lit
jusqu'à midi*

11 | 10 | 13

Des croquettes pas bien nettes...

*Bertha est en visite
au grand dam de Mimitte
la chatte de grand-maman
qu'est partie en courant*

*Elle n'aime pas cette intruse
qui par moult sortes de ruses
lui pique ses croquettes
direct dedans l'assiette*

*Sa patronne est âgée
la minette est gâtée
Elle dort au pied du lit
et pisse sur le tapis*

*Du haut de son perchoir
la commode du couloir
où elle s'est réfugiée
elle se sent en sûreté*

*Sa maîtresse avisée
son chat n'a rien mangé
y a mis à l'abri
une assiette bien garnie*

*Bertha qui rôde par là
a pisté le repas
Ça la fait saliver
Elle s'éloigne dépitée*

*C'est alors que le soir
en allant dans l'couloir
on sentit une odeur
une douce puanteur*

*On trouva dans l'assiette
comme des crottes de biquette
au fumet pas très net
à l'allure de croquettes*

*La susnommée Mimitte
stressée par la visite
avait carrément chier...
dans son garde-manger*

03 | 14

Ça vous en bouche un coin …

Deux semaines d'abonnement
C'est l'offre du moment
pour le journal du coin
livré tôt le matin

Bertha règne dans l'entrée
Elle y a son QG
et surveille avec passion
la porte de la maison

La truffe et les oreilles
en constant mode-éveil
l'intrusion du facteur
provoque sa fureur

C'est par une fente-clapet
que passe le courrier
Et qu'il reste coincé
j'le retrouve lacéré

C'était donc en l'état
ce lundi matin-là
J'ai eng … Bertha
qui déguerpit fissa

Puis j'me suis attablée
avec un bon café
en prenant tout mon temps
pour jouir du moment

Bertha à mes côtés
quémande son déjeuner
des biscuits à la viande
dont elle est très friande

Mais il y a un problème
Quelque chose m'interpelle
Elle n'a rien mangé
Elle pousse avec le nez

Que faire ? Je l'examine
lui retrousse les babines
Je ne sais quoi penser
elle garde la gueule fermée

Alors s'offre à ma vue
Non j'n'ai pas la berlue
canines enchevêtrées
scotchées par du papier

Ce fut une bonne affaire
pour le vétérinaire :
une bonne anesthésie
un coup sec et précis

deux boulettes de papier …
et elle fut délivrée
Six mois d'abonnement
me dit-il en riant !

24 | 09 | 10

Perso

*Dans ces poèmes persos je laisse libre-court
à mon imagination par rapport à des choses
de la vie courante, des thèmes récurrents
ou tout simplement des émotions.
Sous forme de poèmes j'essaie d'aller à l'essentiel
par la magie des mots et du rythme.*

MOT

Aime, eau, thé
M ôté ?
Sans M alors ?
C'est un peu fort

Les mots, ça sert à quoi ?
A dire n'importe quoi
N'importe quand
A tout moment

Avc des mots, on peut tout dire
Se dédire
Redire
Ou contredire

Quoi de plus beau
Qu'un mot !

06 | 99

T ...

Je rêve de te voir
un soir
de faire câlin
un matin
de faire l'amour
en plein jour
à midi
dans Paris

Ça m'anime
Ça me mine
J'imagine
une combine
on line
un tête à tête
sur Internet
dans le chat
Je surfe sur le Net

La souris à la main
je cherche mon chemin
dans la toile insensée
que l'araignée a tissée

Mais le virtuel
c'est cruel
Le virtuel
c'est mortel
Je veux du réel !

04 | 00

Ame en peine (ballade)

Les oiseaux chantent
qu'il pleuve ou qu'il vente
Ciel gris ciel bleu
ils s'en soucient peu

Le ciel est gris
gris est la couleur de mon cœur
Quelqu'un m'avait donné le bonheur
il me l'a repris
La nature n'a pas d'état d'âme
que les hommes agissent en infâmes
ou reposent paisiblement
rien ne change au firmament

Une chape de plomb
a recouvert mon front
Les yeux fermés j'essaie d'oublier
mon rêve brisé à peine né
Mon humeur fait des vagues
au gré du temps
comme un bateau en ballade
toutes voiles devant

Les oiseaux chantent
qu'il pleuve ou qu'il vente
Ciel gris ciel bleu
ils s'en soucient peu

Un brin de soleil
Dieu quelle merveille
Une éclaircie
c'est l'paradis
Il faut si peu
pour être heureux
Simplement être deux

Amour

Jour après jour
au petit jour
je me leurre
et je pleure
un amour
sans retour

Un volcan est en moi
qui me met en émoi
Un calme apparent
cache mon tourment
Un moment d'abandon
et c'est l'explosion

Alternant les hauts et les bas
mon cœur fait des entrechats
Telles des coulées de lave
mes larmes
sur mon visage
font des ravages
creusant dans leur sillage
un paysage
de rage

Mes nerfs à fleur de peau
pour une sonnerie
ont des sursauts
Dieu quelle connerie
Oui c'est pour moi ...
mais ce n'est pas toi !
Implosion
Explosion
Emotions
La tension retombe
Tout rentre dans l'ombre

10 | 00

Couleurs

*Moi j'aime le rouge
J'aime tout ce qui bouge
Le rouge c'est le sang c'est la vie
C'est le temps c'est l'infini*

*Le bleu c'est l'paradis
le ciel miel de la vie
C'est l'éternité
en plein été*

*Noir
Espoir ?
Désespoir ?
Cauchemar dans la nuit
Un cri !*

*L'orange n'est pas une couleur
mais le fruit du bonheur
Qui la mange sur l'heure
ne peut connaître le malheur*

*Ver vert ou verre ?
Le ver vert dans mon verre
couvert de verdure
a belle allure*

08 | 99

La java du père Grenat

Des décos une sono
D'la limo à gogo
C'est la fête à Frédo
C'est rigolo !

La rate
on s'l'éclate
Même les culs d'jatte
se carapatent

Les punaises
se mettent à l'aise
les balèzes
elles se les baisent

Et les cafards
dans le placard
donnent des rencards
aux vieux ringards

Les morpions
damnent le pion
du troufion
en permission

Les rats avec les chats
dansent la java
du père Grenat
Alléluia !

La fête est finie
Vierge marie
Quelle curie
Au cagibi les impies !

09 | 99

Bogor

L'horreur
Trois heures d'affilée
dans la mêlée
Tout bouge
rien ne roule
Dans les deux sens
en contresens
Les vendeurs à la volée
les motos les vélos
à deux trois quatre
par devant les enfants
comprimés entre leurs pattes
Charivari
Harakiri
Des bus chargés
comblés
Des mains des bras
et des cabas
Deux crêtes de coq
dépassent d'un coffre

Des voitures déboussolées
se ruent dans une trouée
Le p'tit policier
désarmé
n'est que sourire
mieux vaut en rire
La chaleur
quelle vapeur
La sueur
quelle horreur
Le temps s'est arrêté
pour une éternité
En Indonésie
pas de frénésie
Le temps
c'est du vent
On y vit
sans ennui

Indonésie 07 | 99
voyage avec Ferry

La Rose

Fleur
Lueur
D'espoir
Dans le noir

Tige
Fragile
Au cœur
Plein d'ardeur

Maligne
Coquine
Aux épines
Assassines

Corolle
Frivole
Ephémère
Univers

Etale
Tes pétales
Senteur
De bonheur

10 | 10 | 01

Cercueil de l'été

Volent feuilles
de l'été
trépassé
tapis mouvementé
ensanglanté
souillé
au pied
de l'homme
C'est l'automne

Un ciel gris
grevé de pluie
se déverse jour et nuit
sur les jours raccourcis
Une chape de plomb
recouvre son front
Indicible
déprime
de l'homme
C'est l'automne

Les arbres se dévêtissent
la cîme frénétique
le pied ancré
le faîte plié
jouet du vent
caprice du temps
sous l'œil
en deuil
de l'homme
C'est l'automne

La nature
sans parure
se tapit
dans l'oubli
à l'ombre des saisons
s'apprête sans raison
perdure
en catimini
pour l'homme
C'est l'automne

25 | 10 | 02

Pourquoi ?

Pourquoi le destin
s'acharne-t-il
sur ceux qui n'ont rien ?
Pourquoi les plus démunis
ceux qui meurent sans bruits ?

Pourquoi cette terre
engendre-t-elle
autant de misère ?
Pourquoi une partie des humains
n'mange-t-elle pas à sa faim ?

Pourquoi l'horreur
s'empare-t-elle
de nombres de cœurs ?
Pourquoi des enfants à peine nés
sont-ils déjà condamnés ?

Pourquoi la violence
finit-elle
par vaincre sur l'intelligence ?
Pourquoi avec haine faire la guerre
pour remplir les cimetières ?

Pourquoi le soleil
ne brille-t-il pas
pour tout l'monde pareil ?
Pourquoi invoquer tant de Dieux
puisqu'il n'y a pas de Cieux !

06 | 03

Symbiose

Un banc public
Deux êtres uniques
Des pigeons
Abandon

A pas d'heure
le bonheur
Des p'tits riens
au p'tit matin

Partage intime
Pensées infimes
Conciliabules feutrés
Sérénité

Des spectateurs ailés
profiteurs zélés
attendent la becquée
de la matinée

Le temps s'est arrêté
Le passant fasciné
a fixé l'éternité
sur le papier

25 | 01 | 02

Le pouvoir des chiffres

Des p'tits riens nous gouvernent
et nous bernent

Zéro un zéro un zéro un
Les chiffres sont magiques
Les chiffres sont tyranniques
On leur tord le cou
On les manipule
On les décortique
Plus on en a plus on en veut
Plus on en a plus on est vieux

Les chiffres sont pervers
régissent l'univers
Armé de sa virgule le commerçant
soutire l'argent du client comptant
Bidule quatre-vingt-dix-neuf
et top dans son panier neuf
Les piécettes sont suspectes
Le chiffre net ne fait pas recette

Les chiffres sont médiatisés
Les chiffres sont truqués
On les hausse
On les baisse
On les arrondit
Y'a la guerre des chiffres
et les chiffres de la guerre
Quel est le prix d'une vie ?

10 | 04

Notes de Toussaint

L'été était en sursis
Qui a dit:c'est fini?
L'automne a surgi
au milieu de la nuit

Le vent est entré en action
Il a pour mission
de faire place nette
sur la planète

Le ciel charrie de gros nuages
que le vent pousse avec rage
et qui lourds de menaces
crèvent de place en place

Le vent dominateur
a des sautes d'humeur
Il susurre il murmure
Il mugit il rugit

Des arbres à la parure chamarrée
sont en un instant déshabillés
les bras tordus le corps à nu
décharnés

Arqueboutés sur leur racine
certains plient l'échine
résistent vaillamment
aux attaques du grand hurlant

L'eau de l'étang frissonne
Les canards en rigolent
tiennent conciliabules
dans les feuilles qui pullulent

Une dame sous son parapluie
Son petit chien la suit
Elle avance rapidement
Il ne fait pas bon temps

01 | 11 | 06

Couleur de sel

Au tournant du chemin
ce matin
la route semble rejoindre le ciel
couleur de sel
Ça et là quelques mailles
à travers la grisaille
laissent entrevoir
une lueur d'espoir
Le vent me caresse
plein de tendresse
Mon esprit vagabonde
de par le monde
Au delà de l'horizon
il cherche la raison
un trait d'union entre les nations

01 | 07

Décrépitude

Faut que j'm'habitue
mon corps n'm'obéit plus
Ça fait pourtant longtemps
on a passé de bons moments

Mon enveloppe se décatit
même repassée elle fait des plis
Mon cerveau va à vau-l'eau
mes synapses ont des spasmes

Mes os sont des éponges
c'est le temps qui les ronge
Mon foie est aux abois
Mes intestins n'font plus le plein
J'ai la poitrine qui dégouline
et la fesse en détresse

Faut que j'm'habitue ...

Des orteils arthrosés
m'empêchent de marcher
J'suis enkylosée
de la tête aux pieds
Les bras ballants
j'me propulse de l'avant

Mes dents fichent le camp
Mes ouïes font du bruit
Mes yeux sont vitreux
Ma tignasse est filasse

Faut que j'm'habitue ...

Je suis appareillée
comme pour l'éternité
J'peux même pas prendre l'avion
à cause des vibrations
A peine entrée sur la piste
on me donne du terroriste

Un jour ce s'ra fini
C'est le cours de la vie
Mon cœur est plein d'ardeur
et mes poumons tiennent bon
Je m'éteindrai sans bruit
au milieu de la nuit
Faut que je cède la place
Adieu ma chère carcasse

Faut que j'm'habitue ...

Espoir

dans le noir
que le jour revienne
à travers les persiennes

Un rayon de soleil
au réveil
on oublie la veille
on remercie le ciel

Faut aller de l'avant
prendre les devants
jouir de l'instant
il est encore temps

Espoir
dans le noir
que la nuit passée
aura tout effacé.

06 | 12 | 07

L'enfant martyr

L'enfant martyr
meurtri dans sa chair
et dans son âme
trahi par son père
qui le condamne
avant d'être né
avait pris la place
sur terre fugace
de son frère aîné

L'enfant martyr
veut faire plaisir
à ce géniteur
source de ses peurs
« Papa je t'aime
Pourquoi tant de haine
J'ai bien travaillé
Je suis le premier
Je l'ai fait pour toi
que tu sois fier de moi »

L'enfant martyr
n'a pas d'mandé à vivre
sur ce bateau ivre
« Papa quand tu cognes
Ca fait mal tu sais
Ca brûle toutes ces plaies »

Un jour l'enfant est parti
il n'a rien dit
il a pris son vélo
a roulé toujours plus haut
vers des cieux plus cléments
vers sa grand-maman

Quand on l'a ramené
l'enfant martyr
il n'a pas cafté
il a continué à subir
Les années ont passé
il n'a rien oublié
il n'a plus de plaies
Il a des bleus à l'âme
des souvenirs qui font mal

07 | 05 | 08

Pour Claude Leron

Chers enfants

Pas facile d'être mère
sur cette terre
Son enfant elle l'attend
ardemment
C'est un courrier au long court
sans possibilité de retour
Une fois parti
c'est pour la vie
pas de recours à l'envoyeur
quand bien il y aurait erreur !
Le paquet est livré
en recommandé
dûment signé
à la maternité
Mais ce qui manque à l'envoi
c'est le mode d'emploi :
sur quel bouton appuyer
quand il se met à crier ?
Quelle manette activer
pour le faire marcher ?
Avec quoi le nourrir
pour le faire grandir ?
Comment décoder
quand on n'a pas la clé ?
Il n'y a que d'l'amour
dans la boîte de secours
Elle fait pour le mieux
elle donne ce qu'elle peut
Elle agit dans l'instant
Après n'est plus avant

13 | 01 | 08

Couleur de pont

Il habite sous le pont
l'homme sans nom
Il en a pris la couleur
et les odeurs

Sous le ciel gris du matin
une vie sans lendemain
Il se lève au jour le jour
dans son monde à contre-jour

Le cheveux hirsute
il sort de sa hutte
s'apprête à sillonner
à grands pas le pavé
En quête de nourriture
il fouille les ordures

Doté de l'œil aiguisé
d'un bussard avisé
il repère vite le mégot
ou le p'tipain encore chaud
tombé par hasard
de la main d'un moutard

Vêtu de vieilleries
bravant les intempéries
il promène silencieux
son corps disgracieux
dans les rues animées
aux boutiques achalandées

Pas de biens encombrants
ni de comptes courants
de loyer à payer
en costume rayé
Toutes ses possessions
prennent place dans son blouson

A la tombée de la nuit
il rejoint son abri
se coule sous son tapis
se confond dans le gris
couleur de pont
l'homme sans nom

Gronau
31 | 01 | 09

Retraitée blues

Me voilà retraitée
depuis une bonne année
Ma richesse c'est le temps
j'en avais peu avant
Une dernière tranche de vie
pour les dernières folies
Faut s'créer des structures
tenir compte de l'usure
Fais pas ci fais pas ça
faites ceci faites cela
Programmée depuis l'enfance
je n'connais pas les errances
Je n'suis pas préparée
à tant de liberté
Faire la grasse matinée
Glandouiller toute la journée
Rencontrer des amis
de midi à minuit
Lire sans discontinuer
personne pour rouspéter
Sortir avec le chien
jusqu'au café du coin
Rêver au clair de lune
Profiter de mes tunes
Voyager visiter
Dépenser sans compter
Des vacances éternelles
à jouer du violoncelle
Tout ça j'en ai rêvé
à moi d'en profiter
A l'aide d'un bon café
je commence la journée
et pour faire diversion
je rime avec passion

21 | 10 | 10

Être grand-mère

C'est fait pour gâter
pas fait pour gronder
C'est la mère de ma mère
C'est la mère de mon père
On l'a vénérée
On l'a aimée
Drôle de s'imaginer Mémé
en bébé potelé
p'tite fille en tablier
jeune fille à marier
Mémé faisant la chose
derrière une porte close
Pépé tout guilleret
à ch'val sur mon bidet
dessous la couverture
œuvrant pour le futur
Maman est alors née
un jour du mois d'janvier
et moi je suis sa fille
l'aînée de la famille

La fille aînée d'ma mère
est à son tour grand-mère
Sa fille l'a gratifiée
de deux bambins bien nés
Le témoin est passé
on est prête à aider
Mais pour les éduquer
on n'est plus concernée
Fini les tétés
les nuits agitées
les genoux râpés
les problèmes d'acnée
les devoirs oubliés
les privations d'télé
les ados blasés
les amours morts-nés
On aime on est aimée
Grand-mère ça c'est le pied

22 | 04 | 11

Pour Joshua 2005 et Liam 2009

Soleil

*Le soleil
cette merveille
inonde mon cœur
d'une nouvelle ardeur
Ses rayons ont percé
la voûte ennuagée
Ils éblouissent mes yeux
Tous mes sens sont en feu
L'amour vibre dans les airs
envahit l'atmosphère
Une nouvelle ardeur
inonde mon cœur
Quelle merveille
ce soleil*

04 | 11

La vieille dame

L'œil perdu
assise dans la rue
sur une pierre nue
la vieille dame est dans les nues

Elle semble là posée
pour l'éternité
en plein été

Elle a le teint hâlé
des longs bras décharnés
témoins des ans passés

Ses pieds sont déchaussés
elle porte un tablier
et une robe surannée

Un chapeau élimé
sur des cheveux argentés
encadre des traits figés

La vieille dame me fascine
son destin j'imagine
une vie pleine de labeur
de bonheur et de pleurs

Hors une fenêtre des rideaux
ils pendent en lambeaux
Je la vois vivre là-haut
dans le plus grand chaos

Un mauvais escalier
une porte entrebâillée
des meubles fatigués
des objets dispersés
une toile cirée usée
une gamelle renversée

Dans un coin une télé
une photo encadrée
Elle était belle la mariée
ça fait combien d'années ?

Sur un vieux canapé
se vautre un chat pelé
A terre y'a des journaux
derrière un escabeau

Comme il fait chaud
elle a mis un chapeau
est descendue dans la rue
s'est assise sur une pierre nue

Elle semble là posée
pour l'éternité
en plein été

19 | 05 | 11

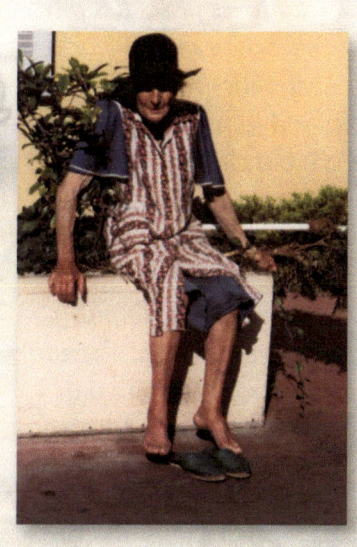

Etats d'âme d'un banc public

Je suis un banc public
dans un parc sympathique
quat'planches en mauvais bois
quat'planches à claire-voie
modeste simple et pratique
dénué d'esthétique

Un jour on m'a ancré
à l'ombre d'un bosquet
exposé à tous vents
et à l'usure du temps
Sur moi on pose ses fesses
Sur moi on lâche son stress

Le dos à la rivière
j'accueille les derrières
Y'en a pour tous les goûts
des ronds des plats des mous
mais à la vérité
j'en ai des préférés

J'adore les fesses des filles
elles me rendent fébrile
Des ondes me parcourent
quand je sens leurs contours
J'écoute leurs p'tits secrets
je suis des plus discrets

J'déprime les jours de pluie
synonyme d'ennui
Personne ne veut s'asseoir
je broie alors du noir
Un p'tit rayon de soleil
le parc se réveille

Arrivent les enfants
qui s'assoient en criant
Ils ne tiennent pas en place
et laissent couler leur glace
pendant que leurs mamans
papotent allègrement

Parfois une p'tite grand-mère
sortie pour prendre l'air
s'affesse lourdement
en soufflant bruyamment
Le temps de s'requinquer
elle repart de bon pied

Y'a des passants lambda
qui posent leur barda
sortent de leur sac à dos
sandwiches et bouteilles d'eau
repartent à leur boulot
après un bon repos

Je suis un banc pudique
ouvert au tout public
Mais certains visiteurs
ne font pas mon bonheur
qui laissent dans leur sillage
des traces de leur passage

comme ce vieux vagabond
aux remugles de caleçon
ou l'éternel soiffard
aux relents de pinard
qu'abandonne ses ordures
au milieu d'la nature

Je déteste les clébards
Ils me mettent en pétard
Ils arrivent ils reniflent
ils lèvent la patte snif snif
Quand ils ont disparu
ils laissent des traces qui puent

Un jour ce s'ra fini
je serai décati
mes planches délabrées
tout juste bonnes à brûler
Je n'ose pas y penser
on m'laissera de côté

15 | 11 | 11

Voyageuse sans bagages

Combien d'années encore
de jours jusqu'à la mort ?
Je la voudrais douceur
dénuée de toute peur
Une lumière qui s'éteint
adieu sans lendemain
Voyageuse sans bagages
grain de sable sur une plage
je suis ma destinée
poussière d'humanité
Je retourne à la terre
j'me dilue dans la mer
Un jour j'suis arrivée
je n'avais rien d'mandé
J'avais toutes les fonctions
requises pour l'occasion
mais pas de garantie
sur ma durée de vie
C'est la loi du marché
rien n'est fait pour durer
Quand la batterie est vide
rien ne sert d'être avide
même dans un grand palace
il faut laisser la place
L'instant n'est plus présent
l'futur déjà absent
Voyageuse sans bagages
ne serais-je qu'un mirage ?

28 | 01 | 12

Reisende ohne Gepäck

Wie viel Jahre noch
Wie viel Tage bis zum Tode?
Ich möchte ihn sanft
ohne jegliche Angst.
Das Licht geht aus
Abschied auf immer
Reisende ohne Gepäck
Sandkorn am Strand
meinem Schicksal folgend
Staub der Menschheit.
Ich gehe zur Erde zurück
löse mich im Meer auf.
Eines Tages war ich da.
Ich hatte nicht drum gebeten.
Ich war mit allem versehen,
was man zum Leben braucht,
aber ohne Garantie
auf meine Laufzeit.
Das ist die Marktwirtschaft,
nichts ist auf Dauer gemacht.
Wenn der Akku leer ist,
nützt es nichts, gierig zu sein.
Selbst in dem größten Palast,
muss man räumen den Platz.
Der Augenblick ist schon passé,
die Zukunft schon vergangen.
Reisende ohne Gepäck,
bin ich einfach so weg?

28 | 01 | 12

L'amitié

Belle comme une toile d'araignée
gracile et fragile complexité
l'Amitié tisse des liens
entre les humains
Fille aînée de l'air
elle se joue des frontières
Symbole de bonheur
elle se moque des couleurs
La rosée la fait briller
un trésor à bien garder
Un rien la fragilise
et elle se volatilise

Monta
06 | 11

Freundschaft

Einem Spinngewebe gleich
komplex zart und graziös
zieht Freundschaft ihre Fäden
zwischen den Menschen
Tochter der Lüfte
springt sie über Grenzen
Symbol des Glückes
lacht sie über Farben
Sie glänzt im Morgentau
ein zu hütender Schatz
Ein Nichts bringt sie aus der Balance
und sie löst sich in Luft auf

23 | 09 | 13

Grisaille

*Où que j'aille
grisaille
Atmosphère
de funéraille*

*Gris est le ciel
Où est le soleil ?
La galère
dès le réveil*

*Cerveau anéanti
j'suis abrutie
L'enfer
en gris-souris*

*Couleur de peur
Odeur de sueur
Y'a dans l'air
comme du malheur*

*A l'horizon une faille
couleur de paille
Une lumière
Le gris se taille*

*Un pan d'ciel bleu
L'bonheur des Dieux
Sur la terre
des hommes heureux*

01 | 03 | 12

Histoire de Net

Une souris un peu peureuse
mais d'humeur aventureuse
se mit en chemin
un beau matin

et clic par-ci et clic par-là
sur les routes virtuelles
de sa toile nouvelle
elle fit la rencontre d'un beau chat

Celui-ci fut ravi
jamais de ma vie
je n'ai vu de souris
aussi jolie

Depuis ce temps sur le net
ils se connectent
et par la voie des ondes
ils correspondent …

A suivre

05 | 12

Minou et Minette

En visite dans mon jardin
par un beau matin
la jolie Minette
pelage noir bottes blanches
joue gracieusement des hanches
s'étire au soleil
pourchasse les abeilles
Arrive Minou
C'est le temps des amours
Ça l'titille aux beaux jours
Il zyeute la demoiselle
Est-elle encore pucelle ?
Minette est très flattée
Pourquoi ne pas flirter ?
La belle est innocente
et l'aventure tentante
Minou gonfle le thorax
se retourne sur son axe
lui miaule des compliments

Elle ronronne tendrement
Il se fait très pressant
et sort son dard puissant
Il a sitôt patte mise
et la prend par surprise
plante ses dents dans son cou
la possède par à-coups
La belle miaule de douleur
L'matou miaule de bonheur
Sous ses dehors câlins
le chat est un gredin
Chez lui pas de passion
il subit ses pulsions
La nature est ainsi faite
C'est pas toujours la fête
De ces amours cruelles
naîtra une ribambelle
de petits corps soyeux
aux miaulements joyeux

15 | 05 | 12

Il pleut il mouille c'est la fête à la grenouille

Le vent souffle en raffale
Dehors les gens cavalent
Je n'ai plus qu'une envie
c'est de me mettre au lit
Un parapluie se presse
Un chien tire sur sa laisse
L'eau crépite sur le toit
Elle tombe dru par endroit
Ruissellement
Bruissellement
Le vent souffle furieusement
L'air vibre de ses tourments
Le ciel n'est que grisaille
un gros nuage sans failles
Les arbres font des vagues
La pluie fait des zigzags

Soudain un coin d'ciel bleu
Un p'tit rayon peureux
Le gris s'est déchiré
La pluie s'est arrêtée

Monta
12 | 07 | 12

Je panse donc j'essuie
La ballade du PQ

R : J'suis au bout du rouleau
Y'en a marre du boulot

J'suis le Roi du papier
je règne sur les WC
De service jour et nuit
toute la journée j'essuie
du monde la face cachée
en toute intimité

J'suis biodégradable
au toucher agréable
simple glissant ou râpeux
en boule plié en deux
Sans moi c'est la cata
on est dans l'embarras

R ...

Spécialiste des odeurs
j'travaille en profondeur
Du haut de certaines cîmes
je plonge dans les abîmes
Je passe et je repasse
j'ramasse tout c'qui dépasse

Dûment scotché au mur
ou à plat sur du dur
on s'arrache mes services
Parfois c'est même du vice
on me tire brutalement
jusqu'à épuisement

R ...

J'amincis feuille par feuille
j'disparais à vue d'œil
Tel est là mon destin
au service des humains
J'aime le travail bien fait
les clients satisfaits

Dans les supermarchés
je remplis les rangées
J'me fiche du CAC 40
je suis en tête des ventes
Les ennuis « PQ niers »
ils les laissent de côté

Je ne suis pas raciste
religieux intégriste
De par mon naturel
j'suis multiCulturel
j'essuie les fesses des gens
de tous les continents

R ...

Je fais dans l'éphémère
rien ne sert d'être amer
Quelle que soit ma texture
même si j'ai belle allure
en un jet la chasse d'eau
m'envoie droit au tombeau

J'suis au bout du rouleau
J'ai fini mon boulot

A la recherche du mot perdu

Il était là
Il est parti
Je le sens
Je le cherche
Il me nargue
Il cavale
dans les méandres
de mon cerveau

Un éclair
Ça y est
Le revoilà
Je le cerne
Je le palpe
Je le goûte
sur le bout
de ma langue

Et puis plus rien
Il a disparu
dans un repli
de ma vie
Il va et vient
fait le malin
Je suis en transe
Mes synapses crampent

Je me concentre …
C'était quand …
Dans quel contexte …
Ça commence comme …
Ça finit comme …
Son aura me stresse
Ça chauffe là-haut
C'est la détresse

Je paraphrase
poursuis ma phrase
passe à aut'chose
L'affaire est close
Mais le faux-j'ton
joue en solo
et fait des ronds
dans mon cerveau

Une croix dessus
Je n'y pense plus
Trois jours plus tard
sans crier gare
chose incongrue
en pleine rue
Eurêka
Le revoilà !

10 | 01 | 13

Mais où sont-elles passées ?

J'ai fouillé toute la maison
délogé un tas d'moutons
inspecté coins et recoins
Elles ne pouvaient être loin !
J'les voyais sur la table
Deux petites lunes pliables
J'les sentais sur mon nez
Je venais d'les quitter
Car sans elles la lecture
relève d'une gageure
Quant à l'internet
mieux vaut une vue nette
J'ai exploré les ordures
toutes les zones obscures
survolé les étagères
inspecté le frigidaire
Je torture ma mémoire
C'est le pur désespoir
Personne à incriminer
J'peux même pas rouspéter
Le chien n'y est pour rien
qui suit l'manège de loin
Je fais le tour en vain
de toute la salle de bain
La lunette que j'y vois
c'est dessus qu'on s'asseoit !
Deux heures que je glandouille
fouille fouille et refouille
J'ai gâché ma soirée
J'ai envie de pleurer
J'ai mal à la tête
Je vais abandonner
Je vais aller m'coucher
A ce moment précis
un déclic de génie
Regardé la télé …
C'était l'heure du JT …
Et si ? … un regard oblique …
La lampe électrique !
Mais que faisaient-elles là
tapies sous le sofa ?!

28 | 02 | 13

Question de temps

I
Le temps que j'ai
n'est pas
celui qu'il fait
Du temps qu'il fait
dépend
le temps que j'ai

Si j'ai du temps
qu'il fait beau temps
je prends le temps
d'partir à temps
J'profite du temps
sans perdr' de temps

II
Le temps

Captif
du temps
je vis l'instant

Il court
Il m'échappe
J'le ratrappe

Poursuite
sans fin
sans lendemain

Fugitif
insaisisable
inexorable

Trop tard
la Camarde
monte la garde

03 | 13

Printemps

Temps des amours
au sortir de l'hiver
froid et austère
J'aime tes atours

Des petites pousses timides
pointent leurs têtes
hors de la terre humide
A sortir elles s'apprêtent

Un festin de couleurs
par un beau matin
messager de senteur
envahit le jardin

Tout est en émoi
Ça grouille dans les sous-bois
Les oiseaux font leurs nids
Les chats flirtent à l'envie

Le froid et la neige
ont des soubresauts
Mais fi de leur manège
il va bientôt faire chaud

Les acteurs du moment
sont la pluie et le vent
des giboulées de mars
les joyeux comparses

Le vent fait le ménage
balaie de gros nuages
qui crèvent pour se venger
en de violentes ondées

De son souffle puissant
il nettoie l'firmanent
faisant place dans le ciel
aux rayons du soleil

Des hommes sont accourus
à tous les coins de rue
Devant le marchand d'glace
il faut défendre sa place

Temps des amours
au sortir de l'hiver
froid et austère
promesse des beaux jours

Un air de fête
plane sur la ville
qui relève la tête
On est en avril

17 | 03 | 13

Réveil en musique

Cinq heures du matin
De joyeux lutins
dans la haie s'égosillent
s'exercent en moult trilles
Encore ensommeillée
j'écoute émerveillée
leurs modulations
d'une éternelle chanson
Un hymne à la nature
au temps qui perdure

Cinq heures du matin
J'm'enfonce dans mon coussin
A cette heure je veux dormir
Mais j'entends l'oiseau-lyre
Trop tôt pour me lever
je me laisse bercer
Un réveil en douceur
promesse de bonheur
Rien de plus léger
Je rêve toute éveillée

Une heure plus tard
sans crier gare
le silence est revenu
D'un coup ils se sont tus
Une baguette magique
a stoppé la musique
Un soliste isolé
Une dernière envolée
Alors je m'suis levée
dispose pour la journée

12 | 06 | 13

Atmosphère

En plein après-midi
la lumière s'est enfuie
Une atmosphère étrange
on sent passer des anges
Les arbres entrent en trance
s'agitent avec violence
Les oiseaux se sont tus
plus personne dans la rue
Le ciel est menaçant
il fait fuir les amants
les mamans les enfants
les chiens errants
La vie semble arrêtée
le monde est en apnée
Une touffeur intense
paralyse les sens
L'air est sous tension
c'est bientôt l'explosion
Soudain la voûte céleste
tout d'un coup se déleste
Faisceaux d'éclairs
Coups de tonnerre
La foudre a frappé
au bout de l'allée
Une main invisible
a pété les fusibles
a poussé la manette
qui déglingue la planète
Les nuages s'entrechoquent
comme de vieilles breloques

Des trombes d'eau s'abattent
avec force sur l'asphalte
transforment les caniveaux
en impétueux ruisseaux
Le vent souffle en raffales
fait plier les platanes

Un passant courageux
veut traverser au feu
Son parapluie s'envole
pour retomber au sol
la robe déchirée
désarticulé
Quel insensé démiurge
a mandé ce déluge ?
Les caves sont inondées
on entend les pompiers
…
Tout à coup le silence
renaît dans cette violence
Comme si de rien n'était
le soleil réapparaît
Une déchirure de bleu
se montre dans les cieux
Une dernière pirouette
Quelques gouttelettes
On entend à nouveau
chanter les oiseaux
L'orage s'est éloigné
comme il est arrivé

06 | 13

Ma maison

*J'ai une petite maison
de rien des quat' saisons
un oasis tranquille
à portée de la ville
en retrait de la rue
en dehors de la vue
au milieu d'un jardin
bordée de grands sapins
Modeste de nature
elle n'a pas fière allure
avec ses murs râpés
Pas vraiment une beauté
mais un charme suranné
de sorcière bien aimée
Ce fut un coup du cœur
Je sentis l'âme sœur*

04 | 12 | 13

Hymne à Minou

*Sais-tu encore qui je suis
au milieu de la nuit?
Je suis la p'tite souris
qui se languit d'envie
Et toi Maître Chat
aux divins ébats
que ne passes-tu par là
danser le chachacha?*

16 | 01 | 14

Ennui

Le ciel est gris aujourd'hui
gorgé de pluie
Le vent souffle en rafales
Des nuages diffus cavalent
Pas l'temps de se former
ils sont tous mélangés
Parfois des tons rosés
osent une timide percée
aussitôt balayés
chassés aspirés
par les plus pressés
en formations serrées
Des arbres plient
D'autres supplient
Leurs cîmes malmenées
gémissent en apnées
Les dieux là-haut rigolent
Le ciel fait des caprioles
Derrière les carreaux
j'observe les oiseaux
Eux n'ont pas de problèmes
avec ce temps peu amène
Un chat file au loin
au fond du jardin
Il se fiche du ciel gris
Il pourchasse une souris
Journée de repli
Journée d'ennui

10 | 02 | 14

Wanted : l'Hiver

Mais où est-il passé?
Il s'est carapaté
Il nous a délaissés
on se sent tout frustrés

Seulement quelques frimas
et un chouia d'verglas
La doudoune cet hiver
restera au vestiaire

Par touffes sur le gazon
les perce-neige sont apparus
Pas le moindre flocon
ils hochent la tête déçus

Mais où est-il passé ?
Il nous a délaissés
parti pour l'Amérique
C'est assez dramatique

Il a mis les bouchées doubles
semant partout le trouble
formant moult congères
créant des scènes d'enfer

Sur les routes enneigées
impossible de rouler
Plus d'électricité
Tout travail a cessé

Mais où est-il passé ?
Bientôt ce s'ra l'été
Finies les quatre saisons
Faut se faire une raison

Au bord de l'Atlantique
souffle un vent de panique
Des vagues monumentales
ont sapé le littoral

L'océan s'est déchaîné
Les plages sont ravagées
Les rivières ont débordé
les villes sont inondées

Z'avez pas vu l'hiver ?
L'gazon est déjà vert
L'Printemps sonne à la porte
Il est temps que je sorte

03 | 14

Le vélo

Au détour d'un chemin
un petit jardin
un muret en pierres de taille
Un vélo y est accroché
dans une faille
pour l'éternité

Il avait naguère
pimpant et rutilant
tout vent devant
été la fierté
de son propriétaire
travailleur de la terre
pendant des années

C'était un bon vélo
solide et costaud
un fidèle serviteur
habitué au labeur
Pas du tout prétentieux
crotté jusqu'aux essieux
il était utilitaire
avait vécu la guerre

Mais les jours de fête
délaissant les bêtes
il filait à la ville
conter fleurette aux filles
en revenait guill'ret
chargé de doux secrets
avec sis devant la selle
une gente demoiselle

Vestige du temps passé
il est là accroché
squelette de métal
sans selle ni pédales
Avec ses roues rouillées
à jamais figées
il fait corps avec le mur
dans la nature qui perdure

21 | 10 | 14
Sud de la France

Instants fugaces

*Rendez-vous à tire d'ailes
sur la charmille en fleurs
Un couple de tourterelles
se roucoulent les nouvelles
du Bois des Demoiselles
L'air vibre de bonheur
Quelques baisers-becqués
tendrement échangés
chacun de son côté
s'envole au bout de l'allée*

été 2014

Hosto-mélie

Glouglou
de goutte-à-goutte
Me v'là à l'hôpital
pour une chose pas banale
J'ai dans les poumons
comme un petit flocon
Savoir ce qu'il fait là
je suis là pour ça
Le temps s'est arrêté
à l'entrée d'la chambrée
Va-et-vient feutrés
relents de café
J'entends dans le couloir
des ronrons de parloir
Par la fenêtre le paysage
immuable et sans âge
Une dominance de gris
un ciel couleur souris
A l'horizon des vallons
par devant des maisons

Les nuages passent par vagues
J'ai les yeux dans le vague
Il y a des gens branchés
d'autres sont intubés
Un personnel zélé
s'agite dans les allées
décorées pour Noël
de petites boules vermeilles
C'que m'réserve le destin
j'en saurai plus demain
Je passe dans plusieurs mains
pour divers examens
Quand sonnera mon heure
j'échapp'rai aux docteurs
Si grand soit leur savoir
la fin c'est le trou noir
La chance est avec moi
ce n'sera pas cette fois
Le flocon est bénin
on l'excis'ra demain

Hemer, 12 | 14
(séjour à l'hôpital)

La clinique du Hurlevent

C'est l'rendez-vous des vents
depuis plus de cent ans
Ils y vont à l'assaut
ils attaquent par le haut
Houiiiiiiiiiiiii
toc toc toc
Sifflements lugubres
Hurlements sinistres

Des nuages menaçants
des noirs des gris des blancs
en processions funèbres
défilent devant ma f'nêtre
sans se presser
en rangs serrés

Entre deux giboulées
le soleil fait une percée
pour une courte durée
illumine la voie lactée
Puis il revient le vent
encore plus fort qu'avant
Sa compagne la pluie
avec entrain le suit

Houiiiiiiiiiii
ploc ploc ploc
Duo du fond des âges
ils tempêtent avec rage
allegro furioso
presto fortissimo

Soudain c'est le silence
Le ciel est d'un gris dense
Le vent s'est calmé
La pluie a cessé
J'entends un chat miauler
Je me sens apaisée

Bad Lippspringe 06 | 03 | 15
(Cecilienklinik)

Slams sur l'actualité
(1999 – 2014)

*Ces slams (ou pamphlets) expriment ma colère,
mon émotion ou mon désarroi
face à des événements politiques ou religieux
et lors de catastrophes naturelles.*

Elucubrations

*Elucubrations
Vibrations
Tordre les mots
c'est ma passion*

*Blanc-seing
sein blanc
La Maison Blanche
un dimanche*

*Clinton
fais pas l'con !
La Monica
te rend gaga
Une Clintonnade
pour une œillade ?
Ça fait pas Starr
dans le placard
Un Ricain
c'est pas malin*

*Dans France-Soir
i fallait voir !
Not' Mythe Errant
l'était plus marrant !
Franchouillard rigolard
dans son costard
sur le chemin de l'Elysée
en fac simile sine fine
il écoulait des rimes coquines
pour l'édition Mazarine*

*Poésie-qui-pique
fait en mon Pré-vert*

18 | 08 | 99

Nouvelles du matin

Les médias sont primaires
Les médias sont pervers
qui vous crachent sans transition
les rejets d'la mondialisation

Là une mère sur un arbre perchée
serre son bébé assoiffé
sur un sein asséché
Ici une pauv'folle par l'odeur alléchée
d'une douteuse renommée
meurt d'un sein trop gonflé

Sous nos yeux blasés
la Tchétchénie agonise
Un pays ami organise
ce spectacle raffiné
La Tchétchénie c'est où ?
Et d'abord on s'en fout !

Un vieux vaurien miraculé
se remet à marcher
devant son armée
Pied-de-nez !

La Kfor joue aux gendarmes
Les Serbes sont en armes
Les Albanais en pleurs
ont peur
Ou est-ce vice-versa
à Mitrovica ?

La Bourse de Tokio
ça vous déchausse !
Des Indiens crèvent de faim ?
Les bons à rien !

Le Salon d'l'agriculture
prend fin
au p'tit matin
Rien à s'mettre en pature !
Adieu veaux vaches cochons
et paysans ronchons
Dominique-nique-nique
la voie est nette
Des clopinettes !

Les Grands d'ce monde
s'sont partagé la mappe-monde
Ce qui les intéresse
c'est le logis-ciel
Le virtuel ?
Le réel ?
L'indigence
ou l'ingérence ?
Où est la différence
dans l'indifférence ?

Le monde est à l'envers
et moi je fais des vers !

06 | 03 | 00

dans les médias :
– sécheresse au Nigéria
– mort de Lolo Ferrari à la poitrine siliconée
– Pinochet au poteau
– Guerre en Yougoslavie (qui va se démenteler)
– Salon de l'agriculture avec Dominique Joinet (ministre)
– Guerre en Tchétchénie avec la Russie

Pensées …

*Je cours je cours
Mes pensées ont libre cours
font des tours
et des détours
Au secours !
Les yeux rivés au ciel
cette merveille universelle
qui appartient à tout un chacun
au Roi des Huns
comme au Roi des Crétins*

*Mes pensées dérivent
chavirent
au gré des cumulus nimbus
qui font des rictus
Où vont-ils ? Que font-ils ?
Sont-ils signes avant-coureur
de bonheur
ou de malheur ?*

*La terre s'embrase
La guerre fait rage
Quel carnage !
Au nom de la religion
les hommes sont tous des cons*

*Sœur Anne sœur Anne
qui voïs-tu là venir ?
Que dieu le damne
si à l'avenir
les prêtres se marient
au nom du père du fils et du Saint Esprit
les femmes officient
en leur compagnie*

Au Vatican
tout fout l'camp
Dieu fait table rase
la banque est nase
Pour les indigents
y'a pas d'argent

Femmes du monde entier
à vous les nouveaux-nés
faméliques
magnifiques
Gamines violées
engrossées
Femmes violentées
par toute une armée
Gardez le fruit de vos entrailles
vaille que vaille !
Quoi de plus naturel
que ces enfants du ciel ?
La pillule c'est nul
La capotte pour les bigottes
Avorter ça c'est le pied !

Le sida vous rend fada ?
Le concile fronce les sourcils ...
Saint Pierre s'en réferre
à l'enfer
Abstinence
ou pénitence ?
Dans sa cellule
il fait des bulles
La fécondation in vitro ?
Des ovules dans le frigo ?
Voilà qui est de trop !
La procréation assistée ?
Des pipettes alignées ?
C'est bon pour le ciné !
Le sexe c'est complexe
Ça n'vaut pas une messe

Notre Pape a des ailes
dans son missel
Avant de trépasser il fait la tournée
des condamnés
Sa multinationale est phénoménale
Quel carnaval !
Ça fait mal !

16 | 03 | 00

Karol Józef Wojtyła (Jean Paul II)

Pensées olympiques

*Les jeux sont terminés
Sydney c'est du passé
C'est à Jérusalem
que se déroule le grand chelem*

*Une nouvelle discipline
se dessine en Palestine :
la provoque
sans équivoque
Les Palestiniens dehors
Médaille d'or !*

*Le bâton
contre les cons
qui réagissent au canon
Une pierre
contre une bière
Ce n'est qu'un enfant
qu'on va mettre dedans
Médaille d'argent !*

*Les hormones en ébullition
contrôle positif ?
contrôle négatif ?
Pourquoi entendre raison
pourquoi prôner la paix
quand la guerre c'est un fait
appitoie plus le monde ?
Médaille de bronze !*

03 | 10 | 00

Mauvais ciné

Deux mille un
un matin
chagrin

C'est pas chez nous !
C'est pas nous !
Le monde est fou !

La télé allumée
mauvais ciné
on va zapper

Mais c'est réel !
C'est pas virtuel !
C'est actuel !

Là sous nos yeux
c'est pas un jeu
c'est affreux

Arrêtez ces avions !
Mauvaise direction !
Reculez vos pions !

Les tours sans âmes
de Manhattan
en flammes
sous le choc
se disloquent
en bloc

Touché en plein cœur
le géant US crie son horreur
sa terreur

Des êtres insensés
fanatisés
ont tué

Le monde entier
tétanisé
a assisté

Pourquoi ce carnage
sauvage
cette rage ?

Des milliers d'innocents !
Cris de vengeance !
Du sang !

Faut des représailles
vaille que vaille
Aux armes !

M'sieur l'Président
sont pas tous méchants
les Musulmans

La guerre n'est pas une solution
Non pas de canons !
C'est trop con !

15 | 09 | 01
(11 septembre 2001)

Saga 2001

Les Américains sont traumatisés
dans leurs lofts climatisés
Leur territoire
est une passoire

Des touristes de l'éternel
Des terroristes venus du ciel
se sont mués
en machines à tuer

L'Amérique se croyait à l'abri
Non, pas notre pays !
Un grand feu d'artifice
a ébranlé l'édifice

A chacun son djihad
contre Mac Donald
Les croisés du Roquefort !
Les commandos d'la mort !

Ben Laden de sa caverne
a mis l'Amérique en berne
avec sa toile tissée
de fanatisés

Nous sommes tous des Américains
clament les Européens
en majeur
et en mineur

Des alliances imprévues
leur tombent des nues
La Russie la Chine font bloc
derrière les Amerloques

Et à présent le Grand Satan
se casse les dents sur les Afghans
Les talibans dans leur camp
font l'Ramadan

L'Alliance du Nord
a perdu son homme fort
Massoud le Pachtoune
est mort

Il n'y a plus foule à Kaboul
Au Pakistan tous ils déboulent
C'est l'Paradis
Là y'a du riz

En Afghanistan y'a plus d'parents
Y'a plus d'enfants
Y'a qu'des errants
et des mourrants

Le peuple a faim
Y'a plus de pain
qu'des bombes sans fin
qui mènent à rien

Au hit-parade américain
y'a un nouveau refrain
qui fait fureur
sème la terreur

« J'vous ai apporté des bonbons
des pastilles de charbon »
susurre un minable sur le cable
« parce que les fleurs c'est pas rentable »

Les maîtres de l'Univers
traquent l'adversaire
les parasites
de l'antrax-site

Le maïs transgénique
les clones le génétique
la vache folle
les couilles-molles

ne font plus recette
sur la Planète
Un homme a pété les plombs
C'est la révolution

Al Kaïda Kaïda
chante Oussama
Le Coran sous le bras
il sonne le glas

06 | 11 | 01

Pensées impies

*La mort n'est pas un jeu télévisé
une fois éteint rien à gagner*

*La religion est déraison
à la merci de tous les cons*

*La vie engendre la mort
Les femmes sont dans leur tort*

*En Afghanistan les talibans
les mettent au ban*

*Taliban
profite de l'instant*

*Mieux vaut une vierge dans l'immédiat
que soixante dans l'au-delà*

*Le paradis est pour les impies
ceux qui profitent de la vie*

*les Américains ne sont pas des saints
mais Ben Laden n'est pas l'Eden*

*le djihad n'est pas une ballade
la mort n'est pas une sérénade*

*le monde est en larmes
l'Islam perd son âme*

04 | 11 | 01

Utopie 2002

*Le ciel est à tout l'monde
sur la mapp'monde
La terre promise
la divine devise*

*Y'a plus d'frontières
Y'a plus d'civières
Sur les continents
plus d'indigents*

*les gouvernements
ont de l'argent
les habitants
sont tous contents*

*les maladies
sont abolies
la vie
n'a pas de prix*

...

*mais p'tit à p'tit
l'Homme s'ennuie
chicane ses amis
se fait des ennemis*

*L'ère de l'argent
c'est l'air du temps
Et tout recommence
comme avant*

Noël 02

Février 2003

La guerre approche
c'est con c'est moche
C'est décidé
fini de jouer
Georges Dobbelyou
tel Malborough
s'en va-t-en guerre
'vec Tony Blair

Ne sait quand reviendra (bis)

Berlin Paris
font des chichis
Cette vieille Europe
cette vieille pin-up
qu'est toute ridée
ménopausée
ose affronter
sa volonté

Big Bush ira-t-en guerre
mironton tonton mirontaine
Big Bush ira-t-en guerre
c'est dit fin février (bis)

Sonnette d'alarme
tout l'monde aux armes
Les lèche-bottes
tous dans la crotte
L'cow-boy texan
piaffe d'impatience
Tous en Irak
bande de Canaques !

Il reviendra-z-à Pâques
Mironton tonton mirontaine
Il reviendra-z-à Pâques
Sadam dans son panier (bis)

Merci daddy
j'ai bien compris
L'économie
de not' pays
l'monopoly
en démocratie
la règle du jeu
passe par le feu

Six jours six s'maines se passent
Mironton tonton mirontaine
Six jours six s'maines se passent
alors c'est terminé ? (bis)

M'sieur l'Président
soyez clément
L'peuple irakien
c'est pas des chiens
Laissez pour l'heure
les inspecteurs
même à prix d'or
faire leur rapport

La Trinité se passe
Mironton tonton mirontaine
La Trinité se passe
Mal'brough n'a pas tiré (bis)

Les dictatures
tombent à l'usure
Le monde entier
veut la pitié
Des macchabés
y'en a assez
Les enfants morts
n'ont jamais tort

Faut pas perdre l'espoir
Mironton tonton mirontaine
Faut pas perdre l'espoir
d'une guerre avortée (bis)

Ballade du banni

J'aime mon pays
mais j'suis banni
Faut que j'm'enfuis
j'suis poursuivi

J'ai pas dit oui
désobéi
Je suis banni
l'reste de ma vie

J'aime mon pays
j'veux vivre ici
C'n'est pas une vie
qu'd'être poursuivi

M'sieur l'Président
les étudiants
ont faim maint'nant
pas dans deux ans

M'sieur l'Président
un peu d'argent
Aide tes enfants
c'est important

J'aime mon pays
J'veux vivre ici
Servir l'pays
c'est ça ma vie

T'es pas pour moi
t'es contre moi
Je suis la loi
je suis la foi

Obéissance
sans résistance
Si tu dis non
c'est la prison

J'me suis enfui
Y allait d'ma vie
J'ai atterri
en Germanie

J'aime mon pays
Ici je vis
mais je m'ennuis
de mon pays

Chez les Germains
on n'a pas faim
Mais sans papier
t'es débouté

Kek tu fous là ?
Retourne là-bas
Tu prends l'argent
de nos enfants

Va voir ailleurs
un monde meilleur
Pourquoi chez nous ?
On n'est pas fous

J'veux un pays
J'veux pas d'ennuis
J'veux des amis
J'veux vivre ma vie

10 | 20 | 02
(pour Omar Barke)

Valse moyen-orientale

Œil pour œil
Dent pour dent

Une danse infernale
menée par Tsahal
et la Palestine
du cheikh Yacinne

Œil pour œil
Dent pour dent

Les tanks de l'armée
pour tout écraser
Les ceintures truquées
pour se faire exploser

Œil pour œil ...

Des maisons aplaties
des corps sans vie
pour une patrie
pour un pays

Œil pour œil ...

Des mères meurtries
Des familles anéanties
Des enfants ensanglantés
pantins désarticulés

Œil pour œil ...

Un vieil impotent
dans son fauteuil roulant
Un hélicoptère
pour le faire taire

Œil pour œil ...

Dis papa nos voisins
les Israéliens les Palestiniens
Pourquoi faut les abattre
comme des chiens ?

Œil pour œil ...

J'veux aller à l'école
faire des courses folles
sortir avec des amis
ou rêver dans mon lit

Œil pour œil ...

J'fais des cauchemars
dans le noir
J'ai peur de dormir
J'ai peur de mourir

Œil pour œil ...

J'ai perdu mon voisin
J'ai perdu mon copain
Il est mort en héros
Il est mort bien trop tôt

Œil pour œil ...

La paix n'est pas pour demain
Jeu de main jeu de vilain
Mais en attendant
le bon moment

Œil pour œil ...

ils sont réunis au ciel
les enfants d'Israël
avec ceux d'Ismaël
dans une valse cruelle

27 | 03 | 03

P'tit Claude

*Le deux janvier
d'la nouvelle année
à la maternité
un nouveau-né*

*Fruit du hasard
dans un monde sans espoir
d'une jeune mère noire*

*Loin du pays
d'où elle a fui
elle a enfanté
désenchantée*

*Le p'tit enfant
est innocent
mais l'monde des grands
est menaçant*

*Pas d'place pour lui
Même les petits
n'sont pas admis
dans nos pays*

*Graine de réfugié
sans papier
dans une société
hyperrassasiée*

*Un p'tit vaut-rien
sans lendemain
est né tout nu
et sans statut*

03 | 01 | 04
PS : 9 heures du matin
à Gronau (Allemagne)
Abdulaye Claude Camara
(Kadiatou et Ousmane)

Cachez ce sein …

Un séisme
secoue l'Amérique
Avant les élections
c'est la révolution

Un volcan en éruption
à la télévision
Des spectateurs par millions
regardent l'émission

et sur place
se voilent la face
devant ce signe ostensible
et par trop visible

Cachez ce sein
que je ne saurais voir …
Je suis Américain
c'est mon devoir

Le Grand Prédicateur
oh bonheur
dormait pour l'heure
devant son téléviseur

Janet Johnson
fait acte de contrition
mais Outre-Atlantique
c'est catastrophique

Arrière Satan
tu es au ban
Va en Europe
cette vieille salope

Des Irakiens
tués pour leur bien
Des Américains
tombés pour rien

Voilà la télé-réalité
Brutalité chasteté
et mots bipés
sont les mamelles de la télé

08 | 02 | 04

11 septembre 01 / 11 mars 04

Tout s'emmêle tout s'embrouille
c'est la foire à farfouille
Au marché de l'horreur
on solde la terreur

Au nom d'la religion
et d'la mondialisation
on se tue
on s'entretue

M'sieur Bush a eu sa guéguerre
avec Tony Blair
C'est pas moi qu'a commencé
a-t-il tony trué

C'est ben Laden
qu'a foutu l'bordel
et pis Sadam
que Dieu le damne

Son peuple j'ai libéré
et les puits de pétrole
à coup de bombardiers
et d'avancées folles

On n'a pas trouvé
les armes cachées
Mais c'était pour leur bien
à grand' fin grands moyens

Et Sadam j'ai débusqué
caché dans son terrier
On va le condamner
il l'a bien mérité

En attendant
plus rien n'est comme avant
Les Irakiens
n'veulent plus d'l'Américain

Les Palestiniens
en auraient bien besoin
mais avec Israël
c'est pas demain la veille

L'Europe est en deuil
Il a le mauvais œil
Les bombes fleurissent
dans les édifices

Flouée l'Alliance
n'a plus confiance
C'est la pagaille
chez ses ouailles

Fanatisme
Terrorisme
Cataclysmes
Traumatismes

Plus rien n'est comme avant
et on est tous dedans
Au nom d'Allah
on est fait comme des rats !

11 mars 04

*Monde de folie
où dans la nuit
sans faire de bruit
le diable a surgi*

*Des bêtes immondes
sillonnent le monde
semant l'horreur
et la terreur*

*Des larmes de colère
coulent sur la terre
des larmes de sang
entachent le firmament*

*Dans la gare d'Alcala
on sonne le glas
Al-Kaïda
est passé par là*

*Des Madrilènes
au teint blême
pansent plein de haine
leurs blessés par centaines*

*Des cerveaux pervers
tétanisent notre univers
unissant la planète entière
dans les cimetières*

*Fanatiques de tout poil
et d'la bombe intégrale
rien ne sert de courir
il faut mourir à point*

*Excuse mon vieux compère
pour ce vilain emprunt
marre des mises en bières
des lend'mains incertains*

Les animaux malades de la guerre

Un chat et un rat
avaient le même Etat
Une histoire de partage
du fond des âges

Le Chat Rogne
et le Rat Fat
sont des va-t-en-guerre
des ennemis héréditaires

Le Chat Rogne est un malin
ami des Américains
Le Rat Fat manichéen
se targue des Européens

Le chat et le rat
le rat et le chat
jouent un jeu dangereux
jouent avec le feu

Le chat a pris le rat au piège
l'a cloué sur son siège
Le rat se moque du chat
le couvre de ses crachats

Arrêtez les ébats
Arrêtez les combats
Vos peuples meurent
Vos enfants pleurent !

10 | 04

Epilog 2004
Le Rat Fat est mort
il est arrivé au port
Reste le Chat Rogne
il rit sans vergogne

2014
Après huit ans de coma
le Chat a rejoint le Rat
Ils ont quitté ici-bas
ce n'est plus leur combat

Stupeur
Horreur

Quelques secondes auront suffi
pour supprimer des vies
Des entrailles de la terre
a surgi l'enfer
Une déferlante
dévorante
a englouti
le Paradis
Le monde entier terrifié
a assisté à la télé
Pleurant d'impuissance
l'homme crie sa souffrance
Lui qui sait faire la guerre
ne maîtrise pas la terre
Elle gronde elle rugit à l'envie
elle l'humilie
Ses plaques entrechoquées
ont tsunamisé
toute une contrée
La mer a tout dévasté
tout avalé
et recraché des corps gonflés
déformés
Des survivants hagards
vidés de tout regard
errent pantins désarticulés
dans un paysage déformé
à la recherche d'un parent
d'un enfant

On compte les victimes par dizaine
de milliers
qu'il faut enterrer incinérer
envoyer à l'étranger
dans des cercueils réfrigérés
Les hôpitaux sont débordés
Il faut faire vite il faut aider
apporter piqûres et nourriture
combattre la pourriture
Le séisme planétaire
a mobilisé l'humanitaire
Tout à coup on se souvient
on est tous des terriens
Fêtus de paille
on n'est pas de taille
seuls à lutter
contre l'adversité
Nantis ou démunis
on est tous unis
dans notre fragilité
face à l'éternité

09 | 01 | 05

Requiem pour l'Irak

Refrain
Combien de morts pour la paix
Le pays est à feu et à sang
Tout ça à cause d'un Texan

Il est parti en croisade
au Moyen Orient
a chassé le tyran
La Bible sous le bras
il a envoyé ses soldats
en pays musulman

C'était pas pour l'pétrole
C'était pas pour l'argent
C'était pour les gens ...
pour une démocratie
made in les Etats-Unis
Très bon pour l'industrie !

Refrain

On pensait déjà au retrait
Vite fait bien fait
on passait le relais
en un temps record
on s'en faisait fort
seulement quelques morts

Le cap des mille passé
mieux valut s'arrêter
On n'pouvait plus compter
les héros dans leur cercueil
les drapeaux à l'accueil
toutes les familles en deuil

Refrain

Le moral n'était pas beau
Sadam derrière les barreaux
Al Kaïda tapait au carreau
contre les Américains
contre les Irakiens
qui n'y comprennent plus rien

Des Kamikazes illuminés
se font exploser
devant les mosquées

Des êtres encagoulés
prennent en otage
les journalistes étrangers

Pas de quartiers
Il faut les égorger
ça leur fait les pieds
de mettre leur nez
dans ce bourbier
pour faire un papier

On pleure on supplie
laissez-les en vie
C'était pour vot' pays
faut bien témoigner
la lâcheté
les crimes commis la barbarie

Refrain

La pression était trop forte
la soupape a explosé
le pays a implosé
De la boîte de pandorre ouverte
sont sortis des démons abjects
qui tuent sans retenue

Sadam était haï
mais Bush est l'ennemi
dans ce pays meurtri !
Sadam on connaissait
on vivotait
on s'arrangeait

Y'avait pas d'liberté
Y'avait pas d'égalité
Y'avait une fraternité !

03 | 05

Sego go go Sarko

Sego et Sarko sont en bateau
Sego tombe à l'eau
Qui est-ce qui reste ?
Sarko !
C'est pas rigolo
faut s'tenir à carreau
A elle le sourire
A lui d'en rire
Le capitaine du bateau
c'est Sarko
La France à l'avenir
n'a qu'à bien se tenir
Les étriers chaussés
sur la pointe des pieds
il est devenu Président
Espérons que ses promesses
valent plus qu'une messe
La gazelle parmi les éléphants
a perdu son élan
C'était tout sauf Sarko
maint'nant c'est tout sans Ségo
Son bonheur à lui
Monsieur Sarkosy
n'est pas dans le pré
il est à l'Elysée
La France a un nouvel étalon
le sarkomètre entre en action
Finis les atermoiements
au gouvernement
Pour faire le grand saut
il a mis la barre très haut :
gouverner la société avec autorité
dans les cités plus de brutalité
Il a mis le Karcher aux enchères
renvoyé la racaille au bercail
expédié les réfugiés chez eux
ne devient pas Français qui veut
Dans nos campagnes
sablons le champagne
Chantons l'avènement
nous avons un Président
Allons enfants de la patrie
son jour de gloire est arrivé
Contre nous de la zizanie
Sarko Président c'est le pied
Ensemble citoyens
formons les bataillons
Marchons marchons
Qu'un sang impur
n'abreuve pas nos sillons
foi de Fillon
Un nouveau T.G.V.
traverse la France à grandes foulées
A peine élu
il a mis sur rail
tout son sérail
Une déferlante souffle sur la planète
Il court il court il furète
Il passera par-ci il repassera par-là
C'est la Sarkomania
La France en a pour cinq ans
Monsieur le Président
montrez tous vos talents
soyez juste et clément

05 | 07

Im / média (t)

*La mort est dev'nue banale
présente sur chaque canal
Elle est en promotion
à la télévision*

*La mort s'est globalisée
un illuminé s'est fait sauter
Ça fait l'actualité
du monde entier*

*Des spécialistes de l'horreur
sèment la terreur
Des corps déchiquetés
recouvrent les pavés*

*Les morts sont vrais
Le sang est frais
C'est pas du ciné
C'est d'la télé-réalité*

*La mort est dev'nue banale
d'une chaîne l'autre elle cavale
Les rues sont remplies
de vivants en sursis*

*Le citoyen lambda
dans son fauteuil Ikea
zappe confortablement
les funèbres évènements*

*Le spectacle est gratuit
Les morts sont fortuits
L'passeport pour l'Au-delà
délivre Al-Kaïda*

*A l'instant au Liban
demain en Afghanistan
des cadavres sans visages
jonchent le paysage*

*A Bagdad ou à Mossul
on saute tout son saoûl
Reste plus qu'à rassembler
les membres éclatés*

*Où qu'on se connecte
la mort est en direct
L'œil s'est habitué
les oreilles émoussées*

*Ce matin des chalutiers
ont récupéré
des Objets Flottants Non Identifiés
les ventres balonnés*

*On les a laissés mourir
plutôt que d'les nourir
ces pauvres hères
fuyant leur misère*

*Au Darfour
on crie au s'cours
Mais dans ce monde de sourds
ce n'est pas leur tour*

*Faut qu'ça finisse
crient les jocrisses
les mains dans l'pétrole
brassant le pactole*

*La planète est en irruption
Partout règne la corruption
Sans cesse sous perfusion
la paix est une illusion*

06 | 07

Des animaux et des mots

Au salon d'l'agriculture
on n'y va pas par quat'chemins
On fait fi d'la culture
on s'conduit comme des gamins

« Donne la main au monsieur
Allez vas-y mon vieux »
« Ne m'touche pas tu m'salis »
éructa le malapris
« Tire-toi pauv'con »
fut la noble réaction

Les animaux furent étonnés
devant tant d'incivilités
Ainsi parle-t-on à l'Elysée
chez les gens civilisés ?

« Oh la vache » dit le taureau
« le Nicolas i' mâche pas ses mots »
« Tu m'fais braire » répondit l'âne
à l'adresse du quidam

Au salon des ânes que de mots
foi d'animaux
les temps sont durs pour Nicolas
Sa cote est au plus bas

Pas touche au Président
il montre alors ses dents !

26 | 02 | 08

La burqa

Ce soir j'mets ma burqa
pour danser la polka
c'est l'uniforme branché
à Saint Germain des Prés

Sous son aspect austère
la burqa c'est pépère
A l'abri des regards
en lousdoc je me marre
Le vêtement est pratique
il cache la boutique
En quête d'anonymat
rien ne vaut la burqa

Ce soir …

Que je sois en saloppe
sous cette divine enveloppe
ou chic affriolante
en cocotte élégante
c'est du pareil au même
je profite de l'aubaine
Du rimmel plein les yeux
je matte ces messieurs

Ce soir …

La burqa c'est tendance
en notre vieille France
Elle plaît aux messieurs
qui s'y cachent en vicieux
pour mieux dévaliser
la caisse des Pététés
Surtout pas de photos
on est incognito

La burqa fait débat
on en parle au sénat
au nom d'la liberté
et des femmes libérées
de la laïcité
et de l'égalité
pas de voile islamique
dans notre République

Ce soir …

Imaginez Carla
vêtue d'une burqa
au bras de Nicolas
un soir de grand gala
en route pour l'Elysée
ou pour aller guincher
Ça ne fait pas glamour
pour une soirée d'amour

Ce soir pas de burqa
pour danser la polka
Ce soir j'mets mon falza
pour danser la salsa

03 | 10

Vent de liberté

Vent de liberté
sur la Méditerranée
Les peuples ont décidé
maint'nant faut dégager
A bas l'autorité
des autoproclamés

Les Tunisiens un matin
ont montré le chemin
Ça faisait des décennies
qu'ils avaient leur Ben Ali
Marre de sa smala
qui n'pensait qu'à l'appât
Rien qui laissait pressentir
c'était comme du délire
un mouvement spontané
un ras-le-bol exacerbé
Altercations vexations
suppression punition
Un jeune s'est immolé
le feu s'est propagé
jusque dans les quartiers
a provoqué cette flambée

Au pays des Pharaons
c'est la Révolution
Hosny soit qui mal y pense
le pays est en transe
Casse-toi Mubarak
ou on t'casse la baraque
Ça fait trop longtemps
qu't'es au Gouvernement
T'as bien servi l'pays
mais maint'nant c'est fini
On veut du changement
du travail du pain de l'argent

Déboule déguerpis
crie-t-on à Benghasi

C'est l'heure de la Lybie
du colonel Kadhafi
avec ses costumes mégalo
et sa gueule de parano
sa garde rapprochée
de jeunes femmes composée
sa tente cinq étoiles
parée de luxueux voiles
et ses fils arrimés
à tous les postes-clé
A Tripoli le chat s'est tapi
il attend les souris
Il les laisse s'agiter
pour mieux les attraper
Sa vengeance viendra du ciel
il envoie ses appareils
En un combat inégal
des bombes tombent en rafales
tuent les jeunes combattants
les vieux les femmes les enfants
Espoir désespoir
rage carnage
Kadhafi est un perfide
Avec son argent liquide
il se paie une vraie guerre
il soudoie des mercenaires
des êtres patibulaires
des bêtes sanguinaires

Liberté égalité
fraternité rapidité
La rue a parlé
les vieux ont cédé
Ben Ali s'est envolé
Mubarak s'est cassé
l'Europe a acclamé
l'Europe a proclamé
Quant aux pauvres Libyens
ils meurent comme des chiens
Voilà peu les Européens
faisaient la cour au Bédouin
synonyme de pétrole
de marchés de pactole
Ils tergiversent ils contreversent
cherchent un ch'min d'traverse
se perdent en discussions
au son honteux des canons
qui laissent derrière eux
des chairs meurtries
des corps sans vie

15 | 03 | 11

Supeur et tremblements
1945 – 2011

bombe atomique
l'Amérique
la guerre

bang nucléaire
planétaire
la terre

Par médias interposés
et reporters survoltés
les yeux rivés sur le Japon
on voit souffrir les Nippons
Leur terre a tremblé grondé
provoquant un raz-de-marée
d'une telle intensité
qu'il a tout dévasté
Un tsunami sans précédent
est né dans un instant
Tout est tourneboulé
le film est déchiqueté
Où est la terre où est la mer
où le ciel où l'horizon ?
La nature a perdu raison
Les maisons ont disparu
il n'y a plus de rues
Les bateaux volent à terre
les voitures prennent la mer
L'horreur défile sur l'écran
on cherche des survivants
des corps flottent à la dérive
des mains s'accrochent à la rive
des cadavres gisent dans la boue
d'une voiture on ne voit que les roues
De notre salle à manger
on pleure les rescapés

Le Japon a l'habitude
d'égrener les magnitudes
Il se sait menacé
il y est préparé
Jamais depuis les temps
il n'a souffert autant

Le ciel s'en est mêlé
il s'est mis à neiger
un linceul blanc et froid
a recouvert l'effroi
Apeurés harassés affamés
des groupes de rescapés
se hissent des débris
s'entassent dans les abris

Mais le pire du pire
reste encore à venir
Une double explosion
fait trembler le Japon
Un grand cataclysme
fait suite au séisme
Fukushima !
Dans la centrale atomique
c'est la panique
l'atome en fusion
le taux de radiation
Hiroshima !
Le cauchemar des Japonais
en cet instant renaît
En plus des morts des disparus
l'irradiation dans les rues
On cherche des solutions
on prend des décisions

Des hommes se sacrifient
pour sauver d'autres vies
Mondialisation des poussières
contamination sans frontières
Le monde est consterné
Le monde est concerné
L'homme apprenti-sorcier
ne sait pas maîtriser
les forces déchaînées
qu'il a pourtant créées
Un goût de déjà-vu
on n'y pensait plus
le spectre de Tchernobyl
les raisonnements débiles
Des nuages de poussières
des particules sans frontières
irradièrent l'atmosphère
causant de meurtriers cancers

Ce n'était qu'en Ukraine
la centrale était vieille
Mais chez les Nippons
y'avait pas d'raisons !

03 | 11

Le titre est un emprunt à Amélie Nothomb

12 janvier 2010

En Haïti la vie s'est enfuie
quelques secondes y ont suffi
La terre nourricière
n'est plus que cimetière
Ses entrailles ont tremblé
tout s'est écroulé
Spectacle de désolation
il n'y a plus de maisons
Même Dieu est sans-abri
il est enfoui sous les débris
Des survivants fouillent à mains nues
les décombres de la rue
à la recherche d'un parent
d'un ami ou d'un enfant
On chante on prie on supplie
on implore la Vierge marie
Un bébé a survécu
sa maman n'est plus
Un homme les yeux hagards
pleurent près d'un brancard
Des cadavres par milliers
gisent dans les allées
Une chaleur insoutenable
s'ajoute à l'innommable

Une odeur pestilencielle
qui monte jusqu'au ciel
La vie doit continuer
il faut de quoi manger
La soif est insoutenable
les souffrances insupportables

Le monde se mobilise
les ONG s'enlisent
Qui doit décider
par où commencer
Le Président quoique présent
est aux abonnés absents
Des humanitaires zélés
distribuent tentes et denrées
Des médecins stressés
amputent bras et pieds
L'homme est impuissant
devant les éléments
La Terre lui est prêtée
il n'en est que l'invité
Quand son heure a sonné
elle peut le congédier

03 | 10

Je suis en colère ...

Je suis en colère
Pourquoi toutes ces guerres
Ces maisons éventrées
Ces mères éplorées
Ces enfants égarés
Ces pères mutilés ?
Tous ces morts à la télé
sur l'écran à jamais figés
i vont pas se rel'ver
c'est pour l'éternité

Pourquoi ces tueries en Syrie ?
Pourquoi cette barbarie ?
Pourquoi ces ravages ?
Pourquoi ces carnages ?

De nouveaux points brûlants
surgissent à chaque instant
Des Syriens on ne parle plus
en silence ils s'entretuent
C'est au tour de l'Ukraine
de nous t'nir en haleine
Il y a des tensions
des risques de scission
des manifestants rebelles
des tirs à balles réelles
Le régime a basculé
Le pays est tiraillé
L'Europe ou le Kremlin
pour l'Ukraine de demain ?
A Kiev ils ont gagné
les Russes sont en Crimée ...

En terre africaine
c'est l'royaume de la haine
La religion la corruption
font monter les actions
de tyrans narcissiques
en mal de politique
Du Mali en Centr'Afrique
des gris-gris maléfiques
font péter les fusibles
d'ethnies jadis paisibles

Je suis en colère ...
Je ne peux rien faire

28 | 02 | 14

La Syrie
(juillet 2012)

Un mort de plus
un mort de moins
nous n'sommes que des témoins
on n'entend on ne voit rien

Baschar el Assad
n'veut pas baisser la garde
Il n'y est pour rien
quand meurent les Syriens
Ce n'sont que des rebelles
ils lui sont infidèles
C'est la faute aux aut' pays
en mal de démocratie

Matin midi et soir
des nouvelles sans espoir
Le pays est à feu et à sang
on y massacre même les enfants
futures graines de rebelles
avant qu'ils puissent grandir
qu'ils soient en passe de nuire

Un mort de plus …

La Syrie ce p'tit pays
a de puissants amis
la Russie de Poutine
l'Iran et la Chine
du matériel de guerre
à n'en savoir que faire
Là où règne l'argent
on s'fiche pas mal des gens

L'ONU montre les dents
A quoi servent tous ses plans ?
Sanctions économiques
embargo politique ?
Elle envoie ses blindés
contre les insurgés
Chaque jour on compte les morts
chaque jour nouveau record

Un mort de plus …

(suite)

17-07-12
Attentat à Damas
en plein centre de la place
Trois ministres tués
ils sont vite remplacés
Une question de survie
pour le régime en sursis
Les combats continuent
jusque dans les rues

La population fuit
cherche des abris
Au Liban en Turquie
en Irak en Jordanie
des camps poussent aux frontières
où s'entasse toute une misère
de familles malmenées
à moitié décimées …

Fin d'année mouvementée
(2014)

La terre tourne
la tête me tourne
Le monde s'est agrandi
L'vocabulaire aussi
La ronde des mots
suit la ronde des maux
Islamistes Salafistes
Terroristes Djihadistes
Extrémistes de tout poil
Intégristes à longs poils
Des mots inconnus
nous tombent des nues
Sunnites Chiites
Wahhabites
Peshmergas Khalifat
Charia
Qui contre qui ?
Qui avec qui ?
Des pays lointains sont notre quotidien
On les voit au JT
sous les bombes se hâter
chercher de quoi manger
de quoi s'abriter
de quoi exister

Le monde est en ébullition
partout des révolutions
Un état islamique
fait régner la panique
Sous prétexte de foi
il impose ses lois
draine dans son sillage
tout un tas de sauvages
Des jeunes à la dérive
se trompent de combat
Pourquoi sur d'autres rives
se battre au nom d'Allah ?
Faire régner la terreur ?
Se vautrer dans l'horreur ?

Mes voisins sont Syriens
Ils reviennent de loin
Leur pays est en guerre
Ils ont fui la misère
Ils ont traversé la mer
voyagé en container
au risque de leur vie
pour la sauver cette vie
Mais c'est jouer au lotto
Tous n'ont pas le gros lot
Des bateaux surchargés
abandonnés
ont chaviré
en Méditerranée
Pas d'comité d'accueil
La mer pour tout cercueil

14 | 12 | 14

« **Je suis Charlie** »
Pas besoin d'aller si loin
pour tuer son prochain
Le djihad en France
la nouvelle tendance
Deux abrutis pourris
ont descendu Charlie
Mahomet le Prophète
ils se payaient sa tête
Et au Super Casher
on se croirait en guerre
Un dérangé d'Allah
en a mis quatre à bas
sans compter les gendarmes
qu'ils passèrent par les armes
Dix-sept pauvres innocents
y ont laissé leur sang

10 | 01 | 15
PS « Charlie Hebdo »
et les caricatures de Mahomet

Montalivet CHM
(2002 – 2012)

*Montalivet (en Gironde), son Centre Hélio-marin, l'Océan Atlantique sont mes lieux de vacances fétiches passées en famille depuis les années 70.
Nostalgie pure.*

Impressions

Sable du matin
craquant comme le pain
sous les pieds légers
de la gent ailée

Mer mouvementée
jamais fatiguée
des allées-venues
des vagues moussues

Nuages crevés
ciel tourmenté
Soleil inconstant
imprudent amant

Visage à tous vents
je vais de l'avant
l'âme ballotant
au gré de l'instant

01 | 08 | 02

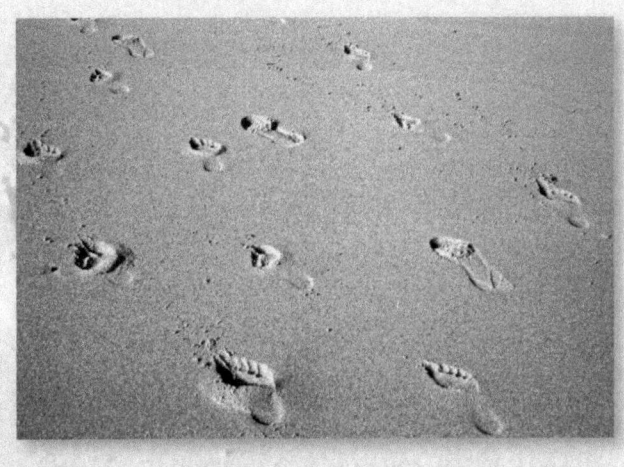

CHM plage
à pas d'heure

Au p'tit matin
le sable fin
sous mes pieds nus
je suis toute nue

Par tous les temps
même par grand vent
les habitués
sont tous levés

Y'en a qui courent
aller-retour
jusqu'au blockhaus
malmènent leurs os

Certains s'affairent
les jambes en l'air
font des battements
remuent du vent

Courbés devant
sous l'poids des ans
parcheminés
par les années

les patriarches
font de la tchatche
tout en marchant
allègrement

Y'a des mordus
des durs du cru
qui prennent d'assaut
les premiers flots

Et au grand dam
de certaines dames
y'a même des chiens
qui prennent leur bain

J'promène le mien
sac à la main
ce n'est pas rien
quand il est plein

Apparition
d'un p'tit rayon
La mer scintille
le soleil brille

Il est grand temps
d'rentrer au camp
Au CHM
c'est le réveil

La plage se vide
des intrépides
l'heure des enfants
et des mamans

08 | 03

K ni Q le

Personne ne bouge
la terre est rouge
le feu est partout
un vrai faitout

Quarante à l'ombre
on nous fait fondre
Le monde s'embrase
on est tous nases

Chaleur torpeur
moiteur lenteur
règnent pour l'heure
c'est une horreur

Il n'y a plus d'air
au bord d'la mer
Tout l'monde se terre
le Q à l'air

On se lève tôt
il fait trop chaud
on boit de l'eau
dans les bureaux

Du nord au sud
la canicule
sème la panique
dans les cliniques

La chaleur tue
jusqu'dans la rue
Dans les voitures
c'est la torture

Il n'y a plus d'eau
dans les ruisseaux
et même la glace
perd sa surface

Jamais vu ça
dit grand-papa
J'prends mon barda
j'vais à Monta

08 | 03

Monta en vers et contre tous

CHM
on aime
sa nature
sa cul'ture
son peuple bigarré
chamarré
raz-de-marée
un peu taré

ses culs-nus
ses matuvus
ses huluberlus
ses lustucrus

Passé l'portail
à bas l'chandail
Bronzette intégrale
verticale horizontale

L'éthique naturiste
c'est le nu puriste
Les tics naturistes
c'est le nu vestife

Plus habillé je meurs
un vrai bonheur
C'est l'inventaire
à la Prévert

Le cul-nu est le roi d'la fringue
y'a pas plus foldingue
On y trouve de tout
y'en a pour tous les goûts

Des culs-nus enturbannés
à cache-nez
pompes et chaussettes
en chemisette

Des culs-nus en sandalettes
à bicyclette
sur des roulettes
et en goguette

Des gigolos en paréo
des midinettes en talonnettes
des pépés en maillots délavés
des mémés en peignoirs élimés

Les purs les durs en tongs usées
la peau tannée par les années
du CHM les Cro'magnons
sont en voie de disparition

CHM
on t'aime
ta nature
ta cul'ture

08 | 04

Alerte au CHM

Un matin sur la plage
C'est sans doute un mirage
un spectacle hallucinant
C'est le débarquement

Des formes allongées
côte à côte en rangs serrés
s'offrent à mes regards
du haut d'un promontoire

telles des combattants
crachés par l'océan
sortis des flots
montant à l'assaut

Qui sont ces naufragés
dans la nuit échoués
sur nos rivages
arrivés à la nage ?

Des êtres inconnus
des sinistres individus
rampent et se démènent
en direction du CHM

Faut prévenir la sûreté
pas les laisser entrer
Ce sont des sans-papiers
Le camp est en danger

Avec des ruses de Sioux
j'm'approche à pas de loup
pour constater qu'en vérité
la mer avait recraché ...

des gueuses aux yeux globuleux
serties d'une longue queue
des algues titanesques
autant que grotesques

2006

Vag'symphonie

La symphonie des vagues
accompagne ma promenade
en majeur et en mineur
selon l'heure ou les humeurs

A trois ou quatre temps
selon les battements
elles dessinent une longue portée
de notes allongées

Certaines se multiplient
en quête d'infini
d'autres viennent mourir
remplies de gros soupirs

Un chef d'orchestre invisible
semble tenir le fil imprévisible
d'une partition sans nom
à répétition

toujours recomposée
décomposée réaccordée
avec une note de vent
en accompagnement

Pendant l'entracte
la mer se rétracte
puis revient avidement
chercher des applaudissements

Parfois les vagues s'emballent
n'obéissant qu'au diable
La mer veut jouer solo
j'm'éloigne pianissimo

07 | 07 | 06

Flocons d'argent

Le ciel rejoint la mer
en colère
des grosses vagues grises
dans ses valises

L'océan écume
dans la brume
de gros rouleaux volages
sur le rivage

Des flocons d'argent
soulevés par le vent
tourneboulent sur la plage
s'évanouissent dans le paysage

Des bulles frémissantes
aux lueurs scintillantes
s'agglomèrent
en un zoo éphémère

de formes allongées
au gré des alizés
bousculées arrachées
par des vagues déchaînées

Le promeneur solitaire
erre entre les rangées
Le chien court ventre à terre
pour les attraper

06 | 07 | 07

« *Médusé* »

Des paillettes de feu couvrent la plage
l'océan a fait le ménage
La marée les y a déposées
elles scintillent par milliers

Le promeneur du matin
accompagné de son chien
avance fasciné
entre les allées

Il zigzague au gré des vagues
ivre de l'instant et du vent
Le chien folâtre gaiement
lève la patte à chaque instant

Y'en a de toutes les couleurs
échouées pour leur malheur
des petites méduses visqueuses
autant que pernicieuses

La mer s'était enfuie
Naufragées de la nuit
abandonnées sur le sable brûlant
elles attendaient la mort en séchant

Mais qu'on les rencontre à flots
un jour où il fait beau
on en ressort clopin-clopant
avec un souvenir cuisant

04 | 08 | 07

Immobile dans le temps

*A l'infini
une débauche de bleus
s'offre à mes yeux*

*Des milliers d'étoiles
brillent de tous leurs feux
à la limite des cieux*

*Au loin un chalutier
fait des va-et-vient
laboure les fonds marins*

*Allongée les yeux fermés
sur le sable chaud
mon corps s'offre au repos*

*Le soleil darde sur ma peau
des rayons aiguisés
que temporisent les alizés*

*En contrebas la mer mugit
monte à l'assaut
par soubresauts*

*s'assagit se replie
se mutiplie
réattaque avec furie*

*Immobile dans le temps
je m'unis à la mer
me fonds dans l'univers.*

20 | 07 | 08

Les éléphants

Erigés pour l'éternité
les éléphants sont couchés
pantins désarticulés
vaincus par les marées

Maillons d'une chaîne imprenable
ils ont l'air pitoyable
enlisés dans le sable
en équilibre instable

Tout en haut de la dune
ils flirtaient avec la lune
ignorant la mer meurtrière
qui les sapaient par l'arrière

Les ombres du passé
hantent les murs délabrés
s'échappent par les trous béants
de fenêtres ouvertes sur le néant

hurlent sur l'autel des vents
resurgissent en sifflant
sans jamais se poser
condamnées à errer

Dans quelques décennies
la mer aura englouti
ces monstres disloqués
honte du siècle passé

19 | 07 | 09

Oh oh les paréos
Oh oh ils sont trop beaux !

Au CHM
y'a tout c'qu'on aime
y'a du soleil et y a de l'eau
et … oh oh des paréos …

Dans sa valise le naturiste
il a une liste des plus simplistes
des tongs des journaux des gâteaux
et … oh oh des paréos

La fesse exotique
c'est bien plus ludique
y'en a d'toutes les couleurs
à carreaux pois et fleurs
et … oh oh des paréos …

Depuis Cromagnon
c'est la révolution
drappés pliés ceinturés
les voilà prêts pour la journée

Papa maman bébé
ils en sont tous parés
les pépés les mémés
et les ados blasés
et … oh oh les paréos …

Du érémiste au procuriste
du simple lampiste au grand ministre
paré de haut paré de bas
sur la plage ils font rage
c'est une question de bronzage
et … oh oh les paréos …

Duplex pour amoureux
cache-sexe pour ses messieurs
pour les dames en soirée
la nuit pour l'canapé
c'est le chiffon tendance
pour les grandes vacances
il fait fi d'l'inflation
et de la pollution

Oh oh le paréo
oh oh il est trop beau !

21 | 07 | 08

Les Mayos et les Kunus

Partie de Monta plage
en suivant le rivage
parée de haut en bas
en short et bermuda
la brave famille Mayo
avance au bord des flots

Soudain un écriteau
se dresse au bord de l'eau
Attention Kunus
zone défendue !

La radio en a parlé
ils l'ont vu à la télé
Dans ce coin reculé
a été repéré
en bordure de mer
et plus loin dans les terres
une peuplade inconnue
qui vit entièrement nue
une tribu de sauvages
surgie du fond des âges.
Les Kunus sont des durs
ils vivent dans la nature
à l'ombre des sapins
dans des clapiers d'lapins

Les Mayos sont curieux
Tous à la queue-leu-leu
bravant tous les dangers
ils décident d'avancer

S'offre alors à leurs yeux
un tableau merveilleux
des papas des mamans
et des petits enfants
comme Dieu les a créés
dans toute leur nudité
allongés sur le sable
ou sautant dans les vagues

Les Mayos courageux
décident de faire comme eux
enlèvent leurs oripeaux
et courent au bord de l'eau

Les Kunus sont hilares
devant ces gens bizarres
A la place des vêtements
Ils ont le cul ... tout blanc

07 | 11

Au boulodrome

Y'a pas plus puristes
que les boulistes
Par tous les temps
même par grand vent
penchés en avant
on les voit s'activer
la « face » burinée
visant l'cochonet
d'un air circonspect
Le nu est de mise
parfois une chemise
Spectacle récurrent
pour l'œil du passant
ça vaut le tableau
à tous les niveaux
Y'a des culs-bas
des grands échalats
des seins qui pendouillent
des bourses qui glandouillent
Le degré de bronzage
traduit l'arrivage
là où dans l'année
se cache l'intimité
Le bouliste est festif
aime les apéritifs
les longues tablées
les saucisses grillées
Après s'être adonné
à son sport préféré
qu'importe le résultat
le tout c'est d'être là
une grande famille cul-nul
les vrais de vrais du cru

06 | 07 | 12

Claudine Grenat

Née en 1944 à Orléans dans une famille de musiciens,
Claudine Grenat vit en Allemagne où les hasards de la vie l'ont menée.
Elle y a poursuivi une carrière d'enseignante dans un lycée.
C'est là qu'elle a commencé, une quinzaine d'années avant la retraite,
à écrire des comptines dans le but de motiver ses élèves.
Et depuis elle s'amuse …

Sommaire

Poésies pour enfants

Comptines 7
L'école 10
Le collège 10
La Rentrée 11
Lundi matin 12
Blues de l'écolier 13
C'est qui ? 14
J'aime l'automne 15
Petite feuille, où vas-tu ? ... 16
Le p'tit parapluie 17
Blanche neige 18
Huit heures du matin
    dans mon jardin 19
Les plaintes d'une petite
    serpillère 20
La souris clic-clac 21
Bertha 22
Drame dans la cuisine 23
Les lunettes volantes 24
Le moustique kamikaze 25
Jeux de mots pervers :
    ver, verre, vert, vair ou vers ? . 26
Où sont les ... ? 27
Pique-nique des oiseaux 28
Aspi le Rateur 29
Aurélie 30
Bertha raconte sa mésaventure .. 31
Balle ! balle ! 32
» Opéra bouche « 34
Une fugue tragique 36
Bertha et la musique 37
La fiancée du vent 38
Lily la limace 39
La petite note 40

Bertha en difficulté 41
Belle est la neige 42
Mon chat 43
Blues d'une machine à laver 44
Air du Sud 45
Bertha en voyage 46
Bertha en vacances 47
Une tartine au Paradis 48
La pluie 49
Des croquettes pas bien nettes ... 50
Ça vous en bouche un coin ... 51

Perso

MOT 55
T 56
Ame en peine (ballade) 57
Amour 58
Couleurs 59
La java du père Grenat 60
Bogor 61
La Rose 62
Cercueil de l'été 63
Pourquoi ? 64
Symbiose 65
Le pouvoir des chiffres 66
Notes de Toussaint 67
Couleur de sel 68
Décrépitude 69
Espoir 70
L'enfant martyr 71
Chers enfants 72
Couleur de pont 73
Retraitée blues 74
Être grand-mère 75

Soleil	76
La vieille dame	77
Etats d'âme d'un banc public	78
Voyageuse sans bagages	80
Reisende ohne Gepäck	81
L'amitié	82
Grisaille	83
Histoire de Net	84
Minou et Minette	85
Il pleut il mouille c'est la fête à la grenouille	86
Je panse donc j'essuie La ballade du PQ	87
A la recherche du mot perdu	88
Mais où sont-elles passées ?	89
Question de temps	90
Printemps	91
Réveil en musique	92
Atmosphère	93
Ma maison	94
Hymne à Minou	95
Ennui	96
Wanted : l'Hiver	97
Le vélo	98
Instants fugaces	99
Hosto-mélie	100
La clinique du Hurlevent	101

Slams sur l'actualité

Elucubrations	104
Nouvelles du matin	105
Pensées …	106
Pensées olympiques	108
Mauvais ciné	109
Saga 2001	110
Pensées impies	112
Utopie 2002	113
Février 2003	114
Ballade du banni	116
Valse moyen-orientale	117
P'tit Claude	118
Cachez ce sein	119
11 septembre 01 / 11 mars 04	120
11 mars 04	121
Les animaux malades de la guerre	122
Stupeur Horreur	123
Requiem pour l'Irak	124
Sego go go Sarko	126
Im / média (t)	127
Des animaux et des mots	128
La burqa	129
Vent de liberté	130
Supeur et tremblements	132
12 janvier 2010	134
Je suis en colère …	135
La Syrie	136
Fin d'année mouvementée	137

Montalivet CHM

Impressions	141
CHM plage	142
K ni Q le	143
Monta en vers et contre tous	144
Alerte au CHM	145
Vag'symphonie	146
Flocons d'argent	147
« Médusé »	148
Immobile dans le temps	149
Les éléphants	150
Oh oh les paréos	151
Les Mayos et les Kunus	152
Au boulodrome	153